on der Fürther Eisenbahn.

Lebensalltag zur Zeit der industriellen Revolution

Reisen · in · die Vergangenheit

Lebensalltag zur Zeit der industriellen Revolution

Verlag Das Beste Stuttgart · Zürich · Wien

Ein Eisenwerk in Belgien, dem Land, in dem die Industrialisierung nach Großbritannien als nächstes Fuß faßte.

Ein englischer Zylinderverkäufer um 1870, der mit seiner Ware von Tür zu Tür zieht.

Mit Karren werden Nahrungsmittel aus der ländlichen Umgebung in die Markthallen der Metropole Paris gebracht.

LEBENSALLTAG ZUR ZEIT DER INDUSTRIELLEN REVOLUTION
Gestaltung und Realisation: Toucan Books Limited, London. Autor der englischen Originalausgabe, *Life during the Industrial Revolution*: Richard Tames

Redaktion: Ute Rückert-Daschakowsky
Grafik: Nicole Teufel, Martin Stiegeler
Bildresearch: Christina Horut
Produktion: Sanja Ančić, Sven Sost-Wolter

Freie Mitarbeit
Übersetzung: Ingrid Frieling

Ressort Buch
Redaktionsdirektorin: Suzanne Koranyi-Esser
Redaktionsleiterin: Dr. Renate Mangold
Art Director: Rudi K. F. Schmidt

Materialwirtschaft
Direktor Materialwirtschaft: Joachim Forster
Leitung Produktion Buch: Joachim Spillner

Printed in Spain

ISBN 3 87070 647 3

INHALT

Fabrikmädchen aus Massachusetts genossen den Ruf, intelligent, fleißig und sparsam zu sein.

Der Engländer Joseph Bramah war der Erfinder dieses Patentschlosses.

Die Textilindustrie beschäftigte mehr weibliche Arbeitskräfte als jeder andere Industriezweig.

Die ersten schwerfälligen Maschinen für Kohlenzechen wurden innerhalb kurzer Zeit so verbessert, daß sie selbst das stärkste Pferd an Leistungskraft übertrafen.

Ein englischer Schornsteinfeger hält ein Schwätzchen.

Welt im Wandel

Die industrielle Revolution veränderte die menschliche Arbeits- und Lebensweise völlig. Ihre Auswirkungen waren weitreichender als alle anderen Entwicklungen in der Geschichte seit dem Übergang vom Jäger- und Sammlertum zum Ackerbau vor über 5000 Jahren.

Die industrielle Revolution schuf die Grundlagen für die heutige Lebensweise der meisten Menschen in der industrialisierten Welt: Sie wohnen in Städten oder in deren Umgebung; und zur Deckung fast ihres gesamten täglichen Bedarfs sind sie nicht auf das angewiesen, was sie oder ihre Nachbarn anbauen oder selbst herstellen, sondern auf Produktions- und Handelsbetriebe, die gegen Geld alles Nötige verfügbar haben.

Der Umbruch begann in der Mitte des 18. Jh. in England, das demzufolge im Mittelpunkt aller Betrachtungen über die industrielle Revolution steht. Eine Handvoll einfallsreicher Geschäftsleute und Ingenieure entdeckte neue Methoden, wie man die Wasser- und später auch die Dampfkraft nutzen und das Arbeitsleben straffer organisieren konnte. Im Verlauf von etwa 100 Jahren vollzog sich nun ein tiefgreifender Wandel der britischen Gesellschaft. Was in Großbritannien so lange gedauert hatte, wurde im 19. Jh. in Deutschland und den Vereinigten Staaten in der Hälfte der Zeit und in vielen Ländern seit dem Zweiten Weltkrieg in etwa einem Jahrzehnt erreicht. Die industrielle Revolution ist aber längst nicht abgeschlossen; noch immer verändert sie das Alltagsleben von Millionen von Menschen in allen Teilen der Welt. Vielen bringt sie Elend und harte Arbeitsbedingungen, einigen wenigen Glücklichen und Unternehmungslustigen aber beschert sie großen Profit. Auf lange Sicht hat sie jedoch den Lebensstandard von allen gehoben.

In den Anfangsstadien der industriellen Revolution, die sich bis zum Ausbruch des Ersten Welt-

Englische Landarbeiter des späten 19. Jh. posieren für die Kamera, eine Erfindung des Industriezeitalters.

Zwischen einer Dorfschmiede und einem industriellen Eisenverarbeitungsbetrieb lagen in Frankreich um 1890 Welten (oben). Im selben Jahrzehnt hielt in den Kruppschen Hüttenwerken in Deutschland die Massenproduktion mit rasantem Tempo Einzug (rechts).

krieges im Jahr 1914 erstreckten, zogen vor allem die Angehörigen der schnellwachsenden Mittelschichten und die Facharbeiter den größten Nutzen. Doch auch das Leben gewöhnlicher Arbeiter und ihrer Familien wurde mit dem Wandel der Arbeits- und Handelsstrukturen sowie der Einfuhr von Waren aus immer größeren Entfernungen von Grund auf verändert. Um 1850 bezogen die Kammgarnfabriken von Yorkshire in Nordengland – einem der Kerngebiete der neuen industriellen Welt – ihr Rohmaterial aus weit voneinander entfernten Teilen der Erde wie Peru und Australien. Damals erachteten Menschen, die in armseligen Häuschen in entlegenen Gegenden lebten, z. B. auf den Orkney-Inseln vor der Küste Schottlands oder in Ontario in Kanada, maschinengefertigte Waren und tropische Nahrungsmittel wie Tee und Zucker als Neuheiten; bald aber sollten diese unverzichtbar werden. Um 1870 trieben Cowboys aus Texas Rinder zu Bahnstationen in Kansas, in Chicago wurden die Tiere geschlachtet und das Fleisch in Dosen konserviert – verzehrt wurde es schließlich in England.

Landflucht

Produktion und Konsum, Kunst und Bildung, Religion und Politik – nichts konnte sich dem Wandel entziehen, den der Aufschwung der Industrie mit sich brachte. Auswirkungen gab es auch auf die Landschaft und die Umwelt, vor allem durch einen langsamen, aber stetigen Rückgang des Anteils der

WEITERGABE VON WISSEN

Auch gewöhnliche Arbeiter trugen zur Ausbreitung der Industrialisierung bei. Im 19. Jh. gingen viele englische Bergleute zur Arbeit nach Belgien, Frankreich und Deutschland, wo sie ihre Fachkenntnisse den Kollegen auf dem europäischen Festland vermittelten.

Bevölkerung, die ihren Lebensunterhalt in der Landwirtschaft verdiente – in vielen Ländern von 80% oder mehr im 18. Jh. bis unter 5% in der heutigen Zeit. Die enge Bindung an die Scholle sowie Ackerbau und Viehzucht, die jahrtausendelang das Dasein der Menschen beherrscht hatten, verloren an Bedeutung. Die meisten von ihnen zog es nun in die stetig wachsenden Städte. Die wenigen Landbewohner, die zurückblieben, verdienten in einer zunehmend leistungsfähigeren Agrarwirtschaft ihren Lebensunterhalt. Die Städter dagegen verklärten das Landleben nostalgisch. Ihr Alltagsleben wurde nicht mehr vom Wetter und dem Wechsel der Jahreszeiten, sondern vom schnellen Rhythmus der Maschinen beherrscht.

Die Energieschranke fällt

Die vorindustrielle Welt war an „direkte" Energieformen gebunden – die Muskelkraft von Mensch und Tier sowie Wind- und Wasserkraft. Damit wurden zwar erstaunliche Leistungen vollbracht – etwa die Errichtung der Pyramiden von Gise, des römischen Straßennetzes oder der Tempelanlagen im antiken Griechenland –, aber Sklaven sowie Zug- und Lasttiere verfügten doch nur über begrenzte Kräfte. Zudem benötigten sie Nahrung, waren vor Krankheiten nicht gefeit und mußten regelmäßig ausruhen, was bedeutete, daß mehrere Schichten erforderlich waren. Auf dieser Basis wäre es niemals möglich gewesen, so viel Energie zu erzeugen, wie sie die moderne Industrie brauchte.

Deshalb bildete die Nutzung der Dampfkraft das Kernstück der industriellen Revolution. Selbst die

Eine Kutsche überquert die erste gußeiserne Brücke der Welt, die 1779 in Coalbrookdale in der Grafschaft Shropshire über dem Severn entstand. Die Metallteile des Bauwerks wurden an Ort und Stelle gegossen.

William Mackenzie – der Eisenbahnmagnat

Der Eisenbahnbau hatte gewaltige Einschnitte in die Landschaft zur Folge.

Mit der Ausbreitung der industriellen Revolution dehnten sich auch die Eisenbahnnetze aus. Teams erfahrener Ingenieure und Facharbeiter waren zunächst in Großbritannien tätig, zogen bald darauf aber quer durch Europa, Nordamerika und die übrige Welt. Sie trieben Tunnel durch Hügel und Berge, schütteten Dämme auf, errichteten Viadukte und bauten Brücken über Flüsse – zum Teil handelt es sich um wahre Meisterleistungen der Technik.

Die Männer, die diese gigantischen Bauwerke organisierten, waren sich ihrer großen Bedeutung bewußt, doch einige hinterließen eher Spuren in der Landschaft als Eindruck bei der Nachwelt. In Großbritannien etwa gehörten Persönlichkeiten wie George Stephenson (1781–1848) und sein Sohn Robert (1803–1859), die u.a. die bahnbrechende Dampflokomotive *Rocket* bauten, zu den Geschäftspartnern von William Mackenzie (1794–1851); und gleichermaßen der schottische Ingenieur Thomas Telford (1757–1834), der die Hängebrücke über die Menai Strait zwischen der Insel Angelsey und dem Festland von Nordwales errichtete. An seine Partner erinnert man sich, Mackenzie aber ist selbst in seinem Land fast in Vergessenheit geraten – vielleicht, weil er später vor allem im Ausland Aufträge annahm.

Mackenzie war der Sohn eines Kanalbauunternehmers, und er verschaffte sich autodidaktisch das Rüstzeug, um Tunnel, Viadukte, Hafenbecken, Brücken, Bahnhöfe und sogar ein Obdachlosenheim zu errichten. Zu seinen größten Werken in Großbritannien gehörten die Eisenbahn von Liverpool nach Manchester sowie der Kanal von Birmingham. Zudem machte er 320 km des Flusses Shannon in Irland schiffbar, baute neun größere Eisenbahnlinien in Frankreich und zwei in Spanien sowie einen Verbindungskanal zwischen Rhein und Marne. Ihm gehörten auch zahlreiche Eisenwerke in Frankreich, und er erschloß Grundstücke in seiner Heimat Lancashire.

Mackenzie starb zwar verhältnismäßig jung, im Alter von 57 Jahren, trotzdem wurden die Aufträge, die er im Lauf seines Lebens erhalten hatte, auf einen Wert von rund 17 Mio. Pfund geschätzt – was für die damalige Zeit eine gewaltige Summe war.

Genauigkeit, wie auf den Konstruktionszeichnungen ganz rechts, war das Geheimnis von Pionieren wie William Mackenzie (rechts).

Eine Dampfturbine aus Deutschland um 1900. Auch hier kam die Industrialisierung in Gang, allerdings erst viel später als in Großbritannien.

Verglichen mit der hohen Energiezufuhr, brachten die ersten Maschinen nach modernen Maßstäben relativ wenig Leistung. Hätte man diese jedoch durch die Arbeitskraft von Menschen ersetzen wollen, wäre dies unmöglich gewesen, da Großbritannien solche Massen nie hätte ernähren können. Um 1870 besaßen alle Dampfmaschinen des Landes zusammen eine Kapazität von etwa 4 Mio. PS; dies entspricht der Leistung, die 40 Mio. Arbeiter erbracht hätten – zu einer Zeit, als der Anteil der Männer an der britischen Bevölkerung nur etwa 25% davon betrug. So hätte es ohne Dampfkraft das industrielle Wunder sicher nicht gegeben. Und es ist kein Zufall, daß die ersten Industriezentren der Welt in großen Kohlerevieren oder zumindest in deren Nähe lagen – in Südwales und im nordenglischen Tyneside, im Osten Pennsylvanias und im Ruhrgebiet.

erste Generation primitiver Pumpen, noch wenig stärker als ein Dutzend Pferde, lief ständig. Und durch ihre Kompaktheit arbeiteten sie in Tiefen eines Bergwerksschachts, wo man nicht so viele Pferde untergebracht, geschweige denn koordiniert hätte. Außerdem verbrauchten die Maschinen kein Futter, sondern Kohle, die im 18. Jh. eine mehr oder weniger unerschöpfliche Energiequelle zu sein schien.

Grossbritannien hatte die Nase vorn

Die Ausstattung mit Dampfmaschinen ist jedoch nur ein Grund dafür, daß gerade Großbritannien der Welt den Weg in die Industrialisierung wies. Das Land konnte aus seinen zahlreichen Kolonien Rohstoffe importieren. Darüber hinaus besaß es auch selbst

Der Klang einer Drehorgel weckte um 1890 noch die Aufmerksamkeit der Passanten und lockte sie herbei. Auf dieser Abbildung tanzen Kinder in den Straßen von London zur Musik.

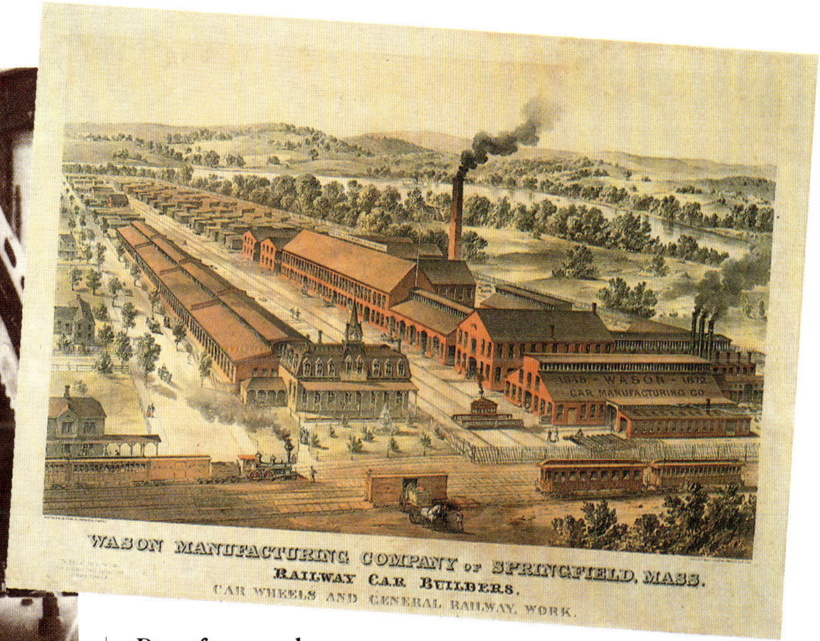

Dampf war auch die Antriebskraft von dieser Fabrik in Massachusetts um 1870 (oben). 1913 kamen Gasturbinen auf, wie hier in einem deutschen Betrieb (links).

umfangreiche Vorkommen an Kohle, Eisen, Kupfer, Blei und Zinn, und zwar oberflächennah und in der Nähe schiffbarer Wasserwege, so daß sich der Transport als problemlos erwies. Außerdem entwickelten die erfinderischen Briten neue Maschinen und Techniken, die eine Ausbeutung dieser Rohstoffe in einem bislang beispiellosen Maßstab ermöglichten. Es wurden neuartige Produkte hergestellt, deren Vertrieb auch auf neuen Wegen erfolgte – über Kanäle, auf Straßen mit befestigter Oberfläche sowie eine Generation später mit der Eisenbahn und dem Dampfschiff.

Einen weiteren Motor der industriellen Revolution stellte die Nachfrage dar. Was Großbritannien vom übrigen Europa unterschied, war ein aufstrebender, sich ausweitender Markt, nicht nur im In-, sondern auch im Ausland. Und als Seefahrernation sahen sich die Briten in der günstigen Lage, neue Exportmöglichkeiten zu nutzen, wo immer sie sich boten. Darüber hinaus ließ sich auch durch die Ausbeutung der Kolonien Geld verdienen, das wiederum in die eigenen Betriebe investiert werden konnte. Und nicht zu vergessen, im Land herrschte Frieden, so daß sich die Briten ganz der Entfaltung der Wirtschaft widmen konnten.

Im Gegensatz dazu waren Frankreich und Deutschland durch die Napoleonischen Kriege (1799–1815) empfindlich geschwächt. Und die vom französischen Kaiser Napoleon I. (1769–1821) ab 1806 verhängte Kontinentalsperre sorgte dafür, daß bis 1815 kaum ein Warenaustausch zwischen dem europäischen Festland und dem Rest der Welt erfolgte. So herrschte in Deutschland zum einen Rohstoffmangel, und zum andern fehlten die Absatzmärkte – vom technischen Rückstand des agrarisch geprägten Landes einmal ganz abgesehen.

Als erster deutscher Staat erwachte Preußen aus dem Dornröschenschlaf und begann die Industrialisierung u.a. durch Geldzuwendungen für neuentstehende Unternehmen voranzutreiben. Und natürlich brachte es auch Vorteile mit sich, daß Preußen im Zug des Wiener Kongresses im Jahr 1815 Westfalen und die Rheinprovinz hinzugewonnen hatte und damit plötzlich über reichere Rohstoffvorkommen verfügte. Es dauerte jedoch bis zur Mitte des 19. Jh., bis die industrielle Revolution zunächst hier, vor allem im Ruhrgebiet, und allmählich auch in anderen deutschen Staaten einsetzte. Sie schritt dann aber rascher voran als in Großbritannien.

Schon 1900 boten Kaufhäuser in den Großstädten – wie hier in Berlin – begüterten Kunden eine bislang ungekannte Warenvielfalt (oben).

Die 1856 gegründete Import- und Exportfirma Silber & Fleming verfügte über einen stattlichen Firmensitz in London (oben). Ihre Lagerbestände reichten vom Fleischwolf über Gartengeräte und Zelte bis zu Porzellan (links).

Der globale Markt

Seine Vorreiterrolle bei der Industrialisierung verdankte Großbritannien auch der Tatsache, daß es die größte Freihandelszone Europas war. Überall auf dem europäischen Festland – so auch in Deutschland – dagegen verdoppelten, verdreifachten und vervierfachten sich die Preise im Warenverkehr über städtische und regionale Grenzen durch Zölle und Gebühren. Kaufmannsgilden und Handwerkerzünfte hatten eine Macht, wie man sie in Großbritannien nicht kannte. Sie kontrollierten Preise sowie Fertigungstechniken und engten die Arbeitskräfte in der Berufswahl ein, indem sie Vorgaben machten. Freiheit, Energie und ein wachsames Auge auf Marktchancen wurden die Schlüssel zum britischen Erfolg, wie ein Parlamentsausschuß 1806 mit überheblicher Zufriedenheit feststellte: „Das schnelle und erstaunliche Wachstum der Herstellung und des Handels unseres Landes in den letzten Jahren ist gemeinhin bekannt … (Es) ist in erster Linie dem allgemeinen Unternehmergeist und dem Fleiß eines freien, aufgeklärten Volkes zuzuschreiben, das seine Talente bei der Verwendung eines umfangreichen Kapitals uneingeschränkt einsetzen kann …"

Die Angehörigen der britischen Mittelschichten kauften immer mehr Produkte der neuen Industrien und bereiteten so den Weg für die erste Konsumgesellschaft der Welt. In seiner Schrift *Anweisungen für Reisende* schwärmte ein Geistlicher namens Tucker 1758, Großbritannien sei „ein freies Land, in dem Reichtümer, die man durch Handel erworben hat, keine Schande darstellen, und wo Be-

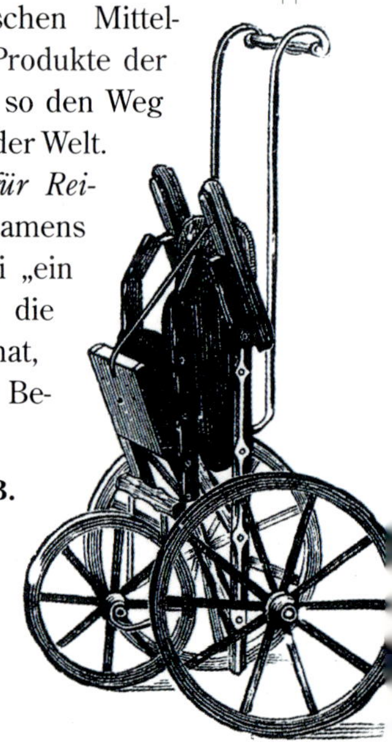

Viele Industrieerzeugnisse, wie z. B. Kinderwagen, brachten den Menschen einen gewissen Komfort.

Die Londoner Weltausstellung von 1851 wurde zum Vorbild vieler internationaler Veranstaltungen gleicher Art.

sitz auch sicher ist … und wo jeder seinen Wohlstand zur Schau stellen kann, wie es ihm gefällt …"

Ein Jahrzehnt später führt ein anderer Beobachter an, im Vergleich zum restlichen Europa begünstige die Offenheit der englischen Gesellschaft die Nachfrage nach Neuheiten, die neue Unternehmen sehr ermuntere: „In England gehen die unterschiedlichen Schichten von Menschen fast unmerklich ineinander über … Daraus entsteht ein starkes Bestreben, unter den verschiedenen Lebensbedingungen miteinander zu wetteifern; und ein ständiger, rastloser Ehrgeiz läßt Menschen von niedrigerem gesellschaftlichem Rang danach streben, sich auf das Niveau der unmittelbar über ihnen Stehenden zu erheben. Hierzulande müssen sich feine Lebensart und eleganter Luxus geradezu wie eine ansteckende Krankheit überall verbreiten."

EIN GEFÄHRLICHER WOHNORT

London wies im 18. Jh. eine äußerst schlechte Lebensqualität auf. Im Zeitraum von 100 Jahren fielen mindestens 600 000 Einwohner Seuchen wie der Tuberkulose und dem Typhus zum Opfer. Um ihre Größe zu erhalten, war die Stadt deshalb auf den Zuzug vieler Menschen aus Dörfern und ländlichen Siedlungen angewiesen.

Nicht nur innerhalb Großbritanniens florierte der Handel, sondern auch der Export in weitentfernte Länder erlebte einen enormen Aufschwung. Gegen Ende des ersten Abschnitts der industriellen Revolution (1750–1825) konnte man hauptsächlich alltägliche Gebrauchsgegenstände wie Besteck oder Baumwolltuch verstärkt im Ausland absetzen. Und in der zweiten Phase (etwa 1825–1875), deren Hauptmerkmal in bahnbrechenden Veränderungen im Verkehrswesen bestand – beispielsweise durch den Einsatz von Eisenbahnen und Dampfschiffen –, trieb man auch mit Rohstoffen wie Getreide und Holz über Kontinente hinweg einen gewinnbringenden Handel.

Eine französische Dame und ihr Kind warten gemeinsam auf den Zug (oben). Luxuriöses Dinieren gehörte zum Service in Pullman-Eisenbahnwagen (links).

Prophet des Optimismus

In der neuentstandenen industriellen Welt gehörten Charles Darwin (1809–1882), der Pionier der Evolutionstheorie, sowie Karl Marx (1818–1883), der zusammen mit Friedrich Engels (1820–1895) das *Kommunistische Manifest* verfaßte, zu den Wegbereitern neuer Geistesströmungen. Einer der populärsten Autoren war jedoch Samuel Smiles. Er hatte eine Vortragsreihe über selbständige Weiterbildung gehalten und veröffentlichte die Texte dazu 1859 als Buch unter dem Titel *Selbsthilfe, mit Beispielen für Charakter und Benehmen*. Schon am Ende des Jahrhunderts war davon mehr als eine Viertelmillion Exemplare verkauft, und es lagen Übersetzungen in mehrere Sprachen vor.

Smiles zentrale Botschaft, für die er eine Fülle biographischer Beispiele als „Beweis“ angab, lautete, daß selbst jeder durchschnittliche Mensch durch stetige Bemühungen und autodidaktischen Unterricht Erfolg haben könne. Die von ihm gepredigte Notwendigkeit, sich jede Mühe bei der Arbeit zu geben, zählte mit zu den Triebfedern der industriellen Revolution. Für diese waren solche Grundsätze genauso wichtig wie die Dampfmaschine.

Die Errichtung eines Eisenbahnnetzes war ein wesentlicher Bestandteil japanischer Modernisierungsbestrebungen ab 1860 (rechts).

DIE NEUE ARBEITSWELT

Während der industriellen Revolution fand der Mensch immer neue Wege, sich Wasser- und Dampfkraft zunutze zu machen, und erzielte damit gewaltige technische Fortschritte. Dieser Wandel brachte jedoch auch gesellschaftliche Veränderungen mit sich. Handwerker waren nicht mehr gefragt, statt dessen traten die Arbeiter auf den Plan. In Fabriken und Bergwerken wurden immer mehr Männer und Frauen beschäftigt, die viele Stunden lang eine stets gleiche, eintönige Tätigkeit verrichteten.

Fabrik und Giesserei

Im Lauf der industriellen Revolution entwickelten sich viele neuartige Industriezweige, wobei die Fabriken die wichtigsten Produktionsstätten wurden. Dort wo sie entstanden, gab es Arbeitsplätze. Den Arbeitsrhythmus bestimmte nun aber nicht mehr der Mensch, sondern die Maschine.

Daniel Defoe, Journalist, Agent, Politiker, Geschäftsmann und Verfasser des Romans *Robinson Crusoe*, schrieb um 1720 einen anschaulichen Bericht über die traditionellen Tuchmacherbezirke des West Riding im englischen Yorkshire: „Je mehr wir uns Halifax näherten, desto dichter standen die Häuser und desto größer waren die Dörfer in jedem Tal ... Fast jedes Haus stand in Rufweite des nächsten, und an jedem Haus sah man einen Tuchspannrahmen mit einer Länge Tuch."

Wie der aufmerksame Beobachter Defoe weiter bemerkte, hatten alle Häuser Zugang zu einem fließenden Gewässer. Es war für die Tuchweber unerläßlich, da sie die Wolle waschen und färben mußten. Jeder Haushalt besaß eine Kuh, welche die Milch für die Familie lieferte, und ein Pferd. Dieses benötigte der Tuchweber für seine wöchentliche Fahrt zum Markt, wo er seinen fertigen Stoff verkaufte und neue Wolle und Lebensmittel besorgte.

Dieses Milchmädchen aus Porzellan, für Katharina die Große von Rußland gefertigt, verdeutlicht das große Können der Handwerker vor dem Zeitalter der Massenproduktion.

Dem Reisenden bot sich eine erfreuliche Szene der Emsigkeit: „Im Freien trafen wir zwar nur wenige Leute an, aber uns fiel auf, daß die Häuser voller Menschen waren ... Alle waren beschäftigt, vom Jüngsten bis zum Ältesten; selbst das kleinste Kind, kaum vier Jahre alt, konnte sich schon mit seiner Hände Arbeit ernähren. Bettler waren nicht zu sehen. Die Menschen leben im allgemeinen lange. Sie erfreuen sich guter Luft; und unter solchen Umständen geht harte Arbeit natürlich mit Gesundheit einher, wenn nicht gar mit Reichtum."

Die Kunden eines dänischen Händlers (rechts) profitieren Mitte des 19. Jh. von der hohen Produktivität der britischen Exportindustrie. Umweltverschmutzung ist der Preis, den die englische Stadt Bradford schon 1873 für den Fortschritt zahlt (unten).

Zwieback und Autos am laufenden Band

Das Fließband, das die Arbeitsabläufe revolutionierte, wurde zunächst für die Nahrungsmittelindustrie entwickelt. Eine Vorform war die vollautomatische Getreidemühle, die der Amerikaner Oliver Evans 1790 patentieren ließ. Der Antrieb erfolgte durch Wasser- und Schwerkraft. Mit ihrer Hilfe konnte man 11 m³ Getreide pro Stunde mahlen, was eine 50%ige Einsparung an Arbeitskräften bedeutete.

Auch in Bäckereibetrieben änderte sich die Arbeitsweise. Im Proviantamt der Königlich Britischen Marine in Deptford stellten 1804 fünf Bäcker 75 Stück Schiffszwieback in der Minute her. Bereits um 1830 war das Verfahren voll mechanisiert, und Bleche mit Zwieback wurden auf fortlaufend arbeitenden Rollenbändern von der Misch- über die Walz- und Schneidemaschine zum Ofen transportiert. Etwa 20 Jahre später gab es Durchlaufsysteme zum Backen von Brot, zum Trocknen von Früchten sowie zum Eindosen von Obst und Gemüse. Um 1860 führten amerikanische Schlachthöfe Schienenhängebahnen ein, für die man 30 Jahre zuvor in Manchester die bahnbrechende Entwicklungsarbeit geleistet hatte.

Seine endgültige Gestalt aber erhielt das Fließband in dem Automontagesystem, das Henry Ford 1913 in Highlands Park, Michigan, einführte. Mit diesem neuen Verfahren wurde die Montagezeit je Fahrgestell von 728 auf 93 Minuten verkürzt.

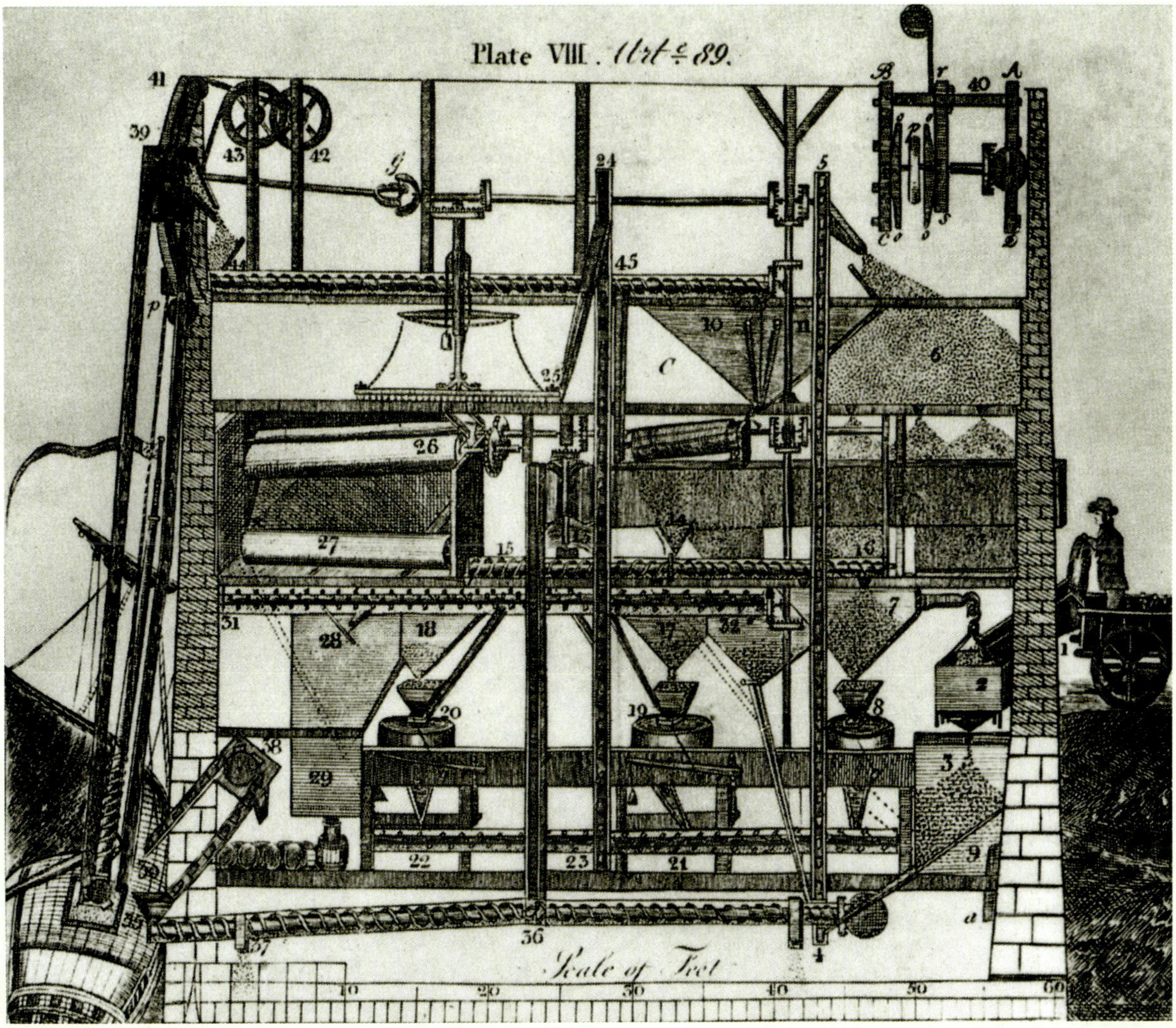

Man mußte nur noch das Rohmaterial in die vollautomatische Getreidemühle einfüllen, die Oliver Evans in Philadelphia errichtete, und später das Fertigprodukt abtransportieren. Alles andere erledigte die Maschine.

PULLMAN DRAWING ROOM SLEEPING

Luxus im Pullman-Wagen

Der technische Fortschritt, den die industrielle Revolution mit sich brachte, ermöglichte einen bisher unbekannten Reisekomfort. Wer es sich leisten konnte, bewegte sich in den luxuriös ausgestatteten Pullman-Eisenbahnwagen fort. Sie umfaßten Abteile zum Speisen, Schlafen und geselligen Beisammensein. Angeblich kam Pullman die Idee für seine Schlafwagen, nachdem er als Schürfer in Colorado die Minenarbeiter in doppelstöckigen Kojenbetten schlafen sah. 1867 gründete er in Chicago ein eigenes Unternehmen, die Pullman's Palace Car Company. Dort wurden u. a. Waggons hergestellt. Bereits sechs Jahre danach begann der findige Geschäftsmann, die Pullman-Wagen nach Großbritannien und später auch auf das europäische Festland zu exportieren.

George Pullmann (rechts) erklärt einem Zeitgenossen die besonderen Vorteile eines Rades, das er sich patentieren ließ. Auf solchen Rädern fuhren Pullmans komfortable Eisenbahnwagen.

Diese von Defoe beschriebene halbindustrialisierte Region war im Europa des 18. Jh. ungewöhnlich, aber nicht einzigartig. Im österreichischen Linz beispielsweise beschäftigte die Kaiserliche Wollzeugmanufaktur 750 Arbeiter, darüber hinaus lebten im Bergland Oberösterreichs, Böhmens und Mährens bis zu 49 000 weitere Heimarbeiter. Und in der staatlichen Segelfabrik von Antwerpen waren 642 Arbeiter beschäftigt, doch zehnmal so viele leisteten im Umland Teilzeitarbeit.

Den Herrschern jener Epoche war durchaus daran gelegen, auch die ärmeren Bevölkerungsschichten in den Produktionsprozeß mit einzubeziehen und zu einer sinnvollen Tätigkeit zu animieren. Die österreichische Kaiserin Maria Theresia (1717–1780) wies z. B. in einer Kundmachung vom Juli 1775 darauf hin, daß die Linzer Wollzeugmanufaktur nicht zuletzt deshalb gegründet worden sei, damit die „sich so sehr vermehrenden Bettelleute, Müßiggänger ... und das Almosen suchende Personen zur Arbeit und Gewinnung einer täglichen Nahrung angehalten" würden.

Vom Handwerk zur Massenproduktion

Zunächst war das Kleingewerbe, wie das der Tuchmacher und Weber, im sogenannten Verlagssystem organisiert. Der Verleger stellte den halbselbständigen Handwerkern einen Kredit oder Material zur Verfügung. In ihrem eigenen Haus oder in angebauten Räumlichkeiten, wo sie etwa aus Garnen Tuch webten oder Nägel aus Eisenstäben anfertigten, führten sie dann ihre Arbeiten aus. Ihre Produkte mußten sie beim Verleger abliefern, der sie an Großhändler, Einzelhändler oder direkt an die Verbraucher veräußerte. Dieses System forderte vom Verleger ein hohes Maß an organisatorischen Fähigkeiten. Andererseits mußte er nur die Qualität des Endproduktes, nicht aber den Herstellungsvorgang selbst überwachen. Bei dieser Vorgehensweise war der Mann, der das Tuch webte, immerhin noch im Besitz seiner Werkzeuge und verfügte frei über seine Arbeitszeit. Bezahlt wurde er nach Stückzahlen und nicht nach Stunden.

Aus diesem Grund war es vielen Handwerkern möglich, regelmäßig ihren „blauen Montag" zu feiern, was nichts anderes bedeutete, als daß sie sich arbeitsfrei nahmen. Für die Männer war es ein Tag, an dem sie den Verdienst der vorhergehenden Woche vertranken, Karten spielten oder in ihren Gärten herumwerkelten. Dienstags ging ihnen die Arbeit dann langsam von der Hand. Und von Mittwoch bis Samstag wurde ihr Arbeitstempo immer hektischer, damit sie einen Auftrag fristgerecht erledigen konnten. Danach begann der Kreislauf von neuem.

Größere Leistungsfähigkeit wurde in Großbritannien ab der Mitte des 18. Jh. möglich, als man anfing, die Produktion unter der Aufsicht von Unternehmern zu zentralisieren. Sie entschieden über die Art des Produkts und darüber, wie und wann es gefertigt werden sollte. Auch ohne Dampfkraft stellte die Fabrik eine organisatorische Revolution dar. Der vollständige Wechsel zur mechanisierten industriellen Produktion fand außerhalb Großbritanniens und Belgiens nach 1850 statt. Der Durchbruch war jedoch schon ein Jahrhundert zuvor erfolgt, und zwar nicht in der Textilherstellung, Europas größtem Wirtschaftszweig, sondern in Branchen wie der Porzellan- und Metallwarenindustrie. Hier waren es Engländer, die Pionierleistungen erbrachten, Männer wie Josiah Wedgwood oder Matthew Boulton, der Geschäftspartner von James Watt.

Englische Schuhmacher betrinken sich an einem „blauen Montag" vor dem Wirtshaus Blauer Leisten. Die Zeichnung stammt aus dem Jahr 1836. Rechts im Bild verprügelt ein Kollege von ihnen eine Frau.

Josiah Wedgwood (oben links) war Geschäftsmann, Künstler, Wissenschaftler und Philanthrop. Seine Fabrik Etruria (oben) befand sich am Trent-Mersey-Kanal – ein billiger Transportweg für Ton und eine ruhige Beförderungsmöglichkeit für die zerbrechlichen Töpferwaren. Links: Auf dem um 1890 entstandenen Bild formt ein Arbeiter ein Gefäß.

Wedgwoods Modellfabrik

Wedgwood war in der Porzellanindustrie tätig. Dank der erhöhten Nachfrage durch die Mittelschicht, die immer größer wurde und deren Einkommen stetig anstieg, erlebte diese Branche einen enormen Aufschwung. Eine große Rolle spielte auch, daß Kaffee und Tee das Bier als alltägliches Getränk ablösten und die Bevölkerung lieber Geschirr als Zinngefäße verwendete. Auf dem europäischen Festland waren bereits Porzellanmanufakturen unter königlicher Schirmherrschaft entstanden, etwa im sächsischen Meißen (1710) und in Sèvres in Frankreich (1756). Der typische Hersteller von Steinzeug um die Mitte des 18. Jh. war jedoch der Töpfermeister, der ein oder zwei Familienmitglieder beschäftigte und zunehmend auf Gesellen und Lehrlinge außerhalb der Familie zurückgreifen mußte. Trotz des Übergangs vom kleinen Familienbetrieb zur größeren Werkstatt blieben die alten Arbeitsgewohnheiten zunächst erhalten.

Die Organisation in Wedgwoods Modellfabrik *Etruria*, die er 1769 in Staffordshire bauen ließ, zeigt, wie die Arbeiter sich mehr und mehr spezialisieren mußten. Sie wurden einer Abteilung zugeteilt, die nur ganz bestimmte Produkte fertigte – Jaspisgut (feines, unglasiertes Steinzeug), Basaltgut (schwarzes Steingut), Zier- oder Gebrauchsgegenstände. Um 1790 waren z.B. in der Abteilung für Gebrauchsartikel 160 Leute beschäftigt, die über 20 Arbeitsgänge durchführten, und zwar als Dreher, Töpfer, Formenpresser, Glasierer, Maler, Bürster, Modelleure usw. Die Zeiten, in denen eine Per-

Henri Cole, der leitende Organisator der Londoner Weltausstellung im Jahr 1851, entwarf dieses Teeservice aus Steingut von 1845.

Die Größe der Baumwollfabriken in Manchester (oben) beeindruckte die Zeitgenossen im Jahr 1829. Die Spinnmaschine (rechts), die Richard Arkwright 1769 patentieren ließ, war wahrscheinlich nicht seine eigene Erfindung. Doch er zog seinen Nutzen aus ihr und erwarb schließlich ein Vermögen und die Ritterwürde.

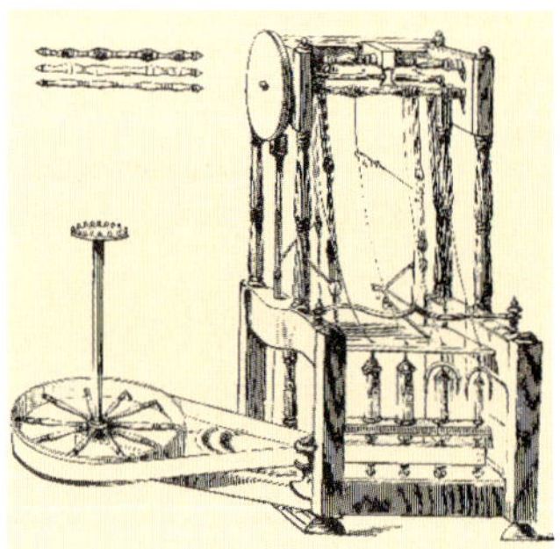

son ein Produkt von Anfang bis Ende herstellte, waren vorbei.

Wedgwood bildete seine Leute zu einer Art Facharbeiter aus – allerdings nach seinen eigenen Bedingungen. Ihre Fachkenntnisse blieben eng begrenzt, und sie erhielten keinen Stück-, sondern Stundenlohn. Die Leistung wurde genau gemessen und nach abgestuften Lohnsätzen bezahlt. Ab etwa 1790 lagen die Wochenlöhne in Etruria zwischen 1 Shilling für einen Pferdeburschen und 42 Shilling für einen gelernten Handmaler. Im Vergleich dazu betrug der Preis für einen Laib Brot zwischen einem halben und eineinhalb Shilling. Wedgwood gab strikte Anweisungen, daß Unpünktlichkeit mit Einkommenseinbußen zu bestrafen sei.

Ein halbes Jahrhundert später wurden Fabrikarbeiter in der Regel ausgesperrt, wenn sie sich mehr als fünf Minuten verspäteten. Sie verloren einen halben Tageslohn und zahlten zusätzlich noch ein Bußgeld, um ihren Arbeitgeber für die ungenutzte Laufzeit der Maschine zu entschädigen.

Einen Hinweis auf die Frage, wie eine derartige Unterdrückung der Arbeitnehmer überhaupt möglich war, gibt vielleicht die Zeugenaussage eines jungen Maschinentechnikers vor einem Ausschuß des amerikanischen Senats im Jahr 1883. Der Mann beschrieb, wie man die Arbeitnehmer in der gesamten Maschinenindustrie bewußt in allen Bereichen – ihre eigentliche Aufgabe natürlich ausgenommen – unwissend und unfähig hielt. „Das Gewerbe wurde in Teilarbeiten zerlegt, und diese wiederum wurden nochmals untergliedert, so daß ein Arbeiter heute nie den vollständigen Arbeitsprozeß beherrscht. Ein einzelner stellt möglicherweise nur ein bestimmtes Maschinenteil her und ist über andere Teile derselben Maschine nicht im Bilde. So werden Maschinen um einiges billiger produziert als früher … und durch diese Arbeitsteilung können 100 Mann die Arbeit verrichten, für die man vor 15 Jahren noch 300 oder 400 Mann brauchte … Eine systematische Lehrlingsausbildung gibt es nicht … Man geht einfach hin und erfährt, welchem Zweig man zugeteilt wird, und dort

Webstühle, bei denen der Webschützen (Bild) mit Hilfe von sogenannten Pickern eingeschossen wurde, ermöglichten es, Stoffe zu weben, die breiter waren als die Spannweite des Webers.

ZEITZEUGNIS

Hoffnungslose Lage in der Baumwollfabrik

In einer Baumwollfabrik im nordamerikanischen South Carolina fand die Sozialforscherin Marie Van Vorst im Jahr 1903 trostlose Zustände vor:

„Die Luft in dem Raum ist weiß von Baumwolle. Die kleinen Teilchen gelangen mit der Atemluft durch die Nase in die Lungen. Erkrankungen dieses Organs sind deshalb die ständige Geißel des Fabrikdorfs. Die Mädchen husten so viel Schleim aus, daß der Boden in ekelerregender Weise damit bedeckt ist. Im Krankheitsfall wird den Arbeitern und Arbeiterinnen der Lohn gekürzt. Wenn sie einen Tag fehlen, reitet ein Mann von Haus zu Haus, um festzustellen, was mit ihnen los ist. Wenn sie nicht so krank sind, daß sie sich nicht rühren können, werden sie aus den Betten zurück an den Webstuhl gescheucht."

Die fortgeschrittene Spinntechnik um 1830 erforderte entschieden weniger Bedienungspersonal, als früher benötigt wurde.

bleibt man, es sei denn, man wird in eine andere Abteilung versetzt."

Derselbe Zeuge klagte dann, dieses System habe „insgesamt eine sehr demoralisierende Auswirkung auf den Geist. Der Arbeiter weiß, daß er diese bestimmte Abteilung nicht verlassen und in eine andere eintreten kann; er hat keinerlei Möglichkeit, etwas anderes zu lernen, weil er ständig mit dieser einen Sache beschäftigt wird."

Die Baumwollindustrie war der erste Wirtschaftszweig, in dem die Produktion voll mechanisiert wurde. Gleichzeitig vollzog sich der Übergang von Wasser- zu Dampfkraft und – da man nun nicht mehr länger auf schnell fließende Flüsse angewiesen war – von ländlichen zu städtischen Standorten. Die Beschaffung von Arbeitskräften erwies sich als schwierig. Die Fabriken erhoben sich wie düstere Fremdkörper in der Landschaft und wirkten auf die meisten Arbeiter wie Gefängnisse oder Festungen. Dieser Eindruck verstärkte sich noch, als Richard Arkwright, der Erfinder der mit Wasserkraft betriebenen 'Water frame'-Spinnmaschine, beschloß, eine Batterie Kanonen zur Verteidigung seiner sechsstöckigen Spinnerei in Cromford in Mittelengland aufzustellen. Zuvor hatte eine aufgebrachte Menschenmenge eine andere seiner Fabriken bei Chorley während des wirtschaftlichen Rückgangs im Jahr 1779 zerstört.

Grosse Versprechungen

Die Unternehmer warben rege um neue Arbeitskräfte, besonders um Frauen und Kinder, die nicht nur billiger, sondern auch flinker waren als Männer und weniger Schwierigkeiten machten. Eine britische Spinnerei versprach den Eltern, ihre Kinder würden „gut gekleidet, untergebracht und verpflegt". Zudem wolle man dafür sorgen, daß die Kin-

Im Institut für Charakterbildung in den Baumwollfabriken des Unternehmers Robert Owen im schottischen New Lanark tanzen Kinder die Quadrille.

der „sonntags zur Kirche gehen und geeignete Meister zu ihrer Unterweisung eingesetzt werden".

Allerdings wurden nur 10% der Kinder, die zwischen 1786 und 1805 in der Cuckney Mill in Nottinghamshire arbeiteten, von ihrer Familie oder dem Vormund in der Fabrik untergebracht. Alle anderen kamen aus Waisenhäusern, Heimen oder Arbeitshäusern, die für die Ärmsten der Armen eingerichtet worden waren. Von diesen Kindern starben 8%, und 15 % liefen einfach fort.

Baumwolle im Vormarsch

Im zweiten Jahrzehnt des 19. Jh., als die Baumwolle der Wolle als wichtigstem Produkt der Textilbranche in Großbritannien den Rang ablief, gab es dort etwa 200 Baumwollspinnereien mit über 400 Arbeitern und zehn mit jeweils über 600 Beschäftigten. Der Betrieb von Birley in Chorlton on Medlock z. B. bestand aus riesigen Gebäuden, die durch Straßen voneinander getrennt, aber durch unterirdische Tunnels miteinander verbunden waren. In ihnen verliefen Schienen zum Transport des Rohmaterials von einem Lager zum anderen. Fast 2000 Arbeiter waren in diesem Industriekomplex beschäftigt.

DER KLEINE UNTERSCHIED

Während Deutschland um 1850 jährlich nur rund 16 000 t Rohbaumwolle verbrauchte, führte Großbritannien zu dieser Zeit bereits etwa 270 000 t pro Jahr ein.

Die rasante Ausweitung der Baumwollindustrie in Großbritannien stieß auf reges Interesse. So spezialisierte sich der Publizist Edward Baines um 1835 auf diesen Bereich und erging sich in Lobreden über die Errungenschaften der neuen Technologie. Eine einzige Maschine mit 100 Pferdestärken, so informierte er seine Leser, entsprach der Arbeitskraft von 880 Mann und konnte 50 000 Spindeln gleichzeitig antreiben. In einer zwölfstündigen

Diese Abbildungen von Arbeiterbehausungen in Manchester um 1860 heben den Mangel an Mobiliar hervor. Die meisten waren kalt, zugig und noch dazu überbelegt.

Saltaire – eine Mustergemeinschaft

Sir Titus Salt (1803–1876) war Bürgermeister von Bradford und Parlamentsabgeordneter (oben links). Er errichtete die Werksiedlung Saltaire mit ihrer weithin sichtbaren, gewaltigen Wollstoffabrik (oben).

Saltaire wurde Mitte des 19. Jh. innerhalb von 20 Jahren am Rand von Bradford im Norden Englands erbaut. Auf einem Gelände von mehr als 20 ha brachte man bis zu 4500 Menschen in 850 Einfamilienhäusern unter. Jedes davon hatte Gas, Wasser, eine Toilette, ein Kohlenlager und eine Grube für die Beseitigung der Herdasche. Polizisten und Leihhäuser gab es nicht, und anfänglich durften auch keine Gasthäuser eröffnet werden. Der Gründer Saltaires, der Unternehmer Sir Titus Salt, war überzeugter Abstinenzler und ließ als Warnung für alle trinkfreudigen Besucher seiner Werksiedlung ein Schild aufstellen, das den Gästen mitteilte: „Wer diesen Ort betritt, muß auf Bier verzichten."

Die 22 Straßen der Stadt wurden nach Königin Victoria, Prinz Albert sowie wichtigen Persönlichkeiten am Ort benannt. Als erstes öffentliches Gebäude entstand eine Kirche. Später kamen noch eine Kapelle, eine Sonntagsschule, Bäder, Waschhäuser, ein Krankenhaus, eine Bibliothek und ein Versammlungsraum hinzu. Dort fanden Vereinstreffen der Schweine-, Hunde-, Geflügel- und Taubenzüchter statt.

1871 schenkte Salt der Stadt einen Park, in dem Kricketspielen erlaubt, Rauchen aber verboten war.

Der Park von Saltaire öffnete sonntags erst ab 14 Uhr. Dadurch wollte man die Menschen zum Besuch des Gottesdienstes ermuntern.

In Saltaire stellte man modische Alpakastoffe her, die sich ausgezeichnet für die Fertigung von Kleidern eigneten.

Schicht produzierte sie 100 000 km Garn – eine Länge, die zweieinhalbmal um die Erde reicht. Baines berechnete, daß im Vergleich zu 1760, als die Baumwollherstellung nur 40 000 Menschen ernährte, sie nunmehr 1,5 Millionen ihren Unterhalt sichere, weil „ein Spinner jetzt an einem einzigen Tag so viel Garn produzieren kann wie früher in einem Jahr. Und Stoffe können in zwei Tagen blütenweiß gebleicht werden, ein Vorgang, der früher sechs oder acht Monate gedauert hätte."

Zugleich führte die hohe Leistungsfähigkeit der Maschinen dazu, daß die Nachfrage nach Rohbaumwolle stieg. 1793 hatte der Amerikaner Eli Whitney die Baumwoll-Entkörnungsmaschine erfunden, welche die Kosten für die Trennung der Baumwollhaare von den Samenkernen beträchtlich verringerte. Nun breiteten sich die Plantagen im Süden Nordamerikas vom Atlantik bis zum Mississippi aus. Als Arbeitskräfte setzte man Sklaven ein. Zwischen 1790 und 1830 erhöhten sich die Exporte von amerikanischer Rohbaumwolle von 227 000 kg auf 136 Mio. kg, und der Baumwollpreis fiel.

Der Fortschritt in der Wollindustrie vollzog sich rund eine Generation nach dem Durchbruch in der Baumwollbranche. Um 1830 gab es in Yorkshire, dem Mittelpunkt der Wollproduktion, elf Spinnereien mit mehr als 200 Arbeitern. Die wenigen hundert anderen Werke hatten durchschnittlich bis zu 60 Beschäftigte. Saltaire war eine Industrieansiedlung, die um 1850 nahe der Stadt Bradford von Sir Titus Salt geschaffen wurde. In der Webhalle produzierten 1200 Webstühle pro Tag 29 km Tuch.

In Deutschland entfaltete sich die Textilindustrie viel später als in Großbritannien. Zwar gab es bereits 1783/84 eine Baumwollspinnerei in Ratingen bei Düsseldorf, und auch andernorts entstand der ein oder andere Betrieb. In größerem Maßstab wurde die Baumwollindustrie jedoch erst nach 1835 mechanisiert. Gegen die übermächtige britische Konkurrenz konnten sich die deutschen Unternehmer nur durchsetzen, indem sie niedrige Löhne zahlten und damit billige Produkte anzubieten vermochten. Gleichzeitig wurde das Textilhandwerk mehr und mehr zurückgedrängt. Da hierdurch das Einkommen der Handweber immer geringer wurde, hatten sie Schwierigkeiten, den Lebensunterhalt für ihre Familien zu bestreiten. Die Not wuchs, und so kam es u. a. zu den Weberaufständen in Schlesien. 1844 erhoben sich die Weber in Peterswaldau und Langenbielau und forderten mehr Lohn. Die Hungeraufstände wurden mit Gewalt niedergeschlagen, und so kehrte zwangsläufig wieder Ruhe ein. Das Elend aber blieb. Heinrich Heine verewigte es in einem Gedicht, dessen erste Strophe so lautet:

„Im düstern Auge keine Träne,
Sie sitzen am Webstuhl und fletschen die Zähne:
Deutschland, wir weben dein Leichentuch,
Wir weben hinein den dreifachen Fluch –
Wir weben, wir weben!"

Das Eisenzeitalter

Die Mechanisierung der Textilindustrie hing von neuen Techniken ab. Diese ermöglichten es, Eisen – später auch Stahl – so billig zu produzieren, daß man es für die Herstellung zunächst von Werkzeugen, dann auch von Maschinen, Schienen und

Die Eisen- und Stahlproduktion ließen die Kleinstadt Essen zu einem Zentrum der Schwerindustrie wachsen, das vielen Menschen Arbeitsplätze bot. Die Kehrseite der Medaille: Die Umweltverschmutzung verringerte die dortige Lebensqualität.

Der Kilsbytunnel, der 1830 für die *London and Midland Railway* gebaut wurde, war 1,6 km lang (links). Der Dampfhammer *Fritz* der Kruppwerke in Essen besaß ein Fallgewicht von 50 t (oben).

schließlich von Kränen, Brücken und Schiffen verwendete. Ohne die Erzeugnisse der Gießereien hätten die Fabriken, die ab 1830 in Eisenskelettbauweise errichtet wurden, nicht entstehen können.

Die modernen metallverarbeitenden Industriezweige entfalteten sich in Großbritannien zuerst in den West Midlands und im Umland der Stadt Sheffield. Birmingham blieb führend in der Herstellung von Kleineisenteilen – etwa Knöpfen, Schlössern, Nadeln, Pistolen und Gartenwerkzeugen –, während sich Sheffield auf Stahl spezialisierte, insbesondere auf Besteck und Schneidewerkzeuge.

In Deutschland entwickelte sich Essen zu einem Zentrum der Stahlproduktion – damit verbunden ist der Name Krupp. Als ältestes von vier Kindern hatte Alfred Krupp von seinem Vater, der 1826 starb, einen Eisenschmelzofen geerbt. Über lange, beschwerliche Jahre baute er den kleinen Betrieb zu einer florierenden Gußstahlfabrik aus. Er erwarb Kohlenzechen sowie Eisenerzgruben und errichtete Hochöfen, so daß dem Unternehmen stets genug Rohstoffe zur Verfügung standen. Während der Betrieb 1846 nur 122 Mitarbeiter beschäftigte, waren es 1851 schon 700, und als Alfred Krupp 1887 starb etwa 21 000. Krupps Verdienst liegt vor allem darin begründet, daß er die Bedeutung von Qualitätsstahl für die industrielle Entwicklung des Landes erkannte und immer wieder neue, verbesserte Verfahren zu dessen Herstellung anwandte.

Mit der Stahlindustrie verbunden war der Aufbau des Eisenbahnnetzes in Deutschland.

Joseph Wright aus Derby malte 1772 das Bild *Eine Eisenschmiede*, das die Industrie in einem heroischen Licht zeigt (rechts). Langlebige, billige Erzeugnisse der Eisenindustrie wie dieser Zierhund und der Feuerrost (ganz rechts) regten das Konsumverhalten an.

Ingenieur als Beruf

Die industrielle Revolution brachte neue Herausforderungen mit sich und benötigte Männer, die sich ihnen stellten – die Ingenieure.

Die Maschinenindustrie hat nicht nur einen einzigen Vorläufer. An ihrer Entstehung waren Steinmetzen und Baumeister, Mühlenbauer und Stellmacher, Büchsenmacher und Grobschmiede sowie Hersteller von Uhren und Navigationsinstrumenten auf ihre Weise beteiligt. *Campbell's London Tradesmen,* ein 1747 veröffentlichtes Werk über die Gewerbetreibenden in London, erläuterte die Voraussetzungen für diesen neu entstehenden Industriezweig: „Der Ingenieur baut Maschinen, die mit Hilfe von Feuer Wasser schöpfen, entweder zum Füllen von Reservoirs oder zur Entwässerung von Bergwerken ... Der Ingenieur braucht sehr viel Verständnis für mechanische Zusammenhänge ... Er beschäftigt Schmiede, Gießer für Messingarbeiten, Klempner für die Bleiverarbeitung, einen Schuhmacher für die Anfertigung von Lederschläuchen. Er braucht ein großes Kapital (mindestens 500 Pfund) für die Betriebsgründung und muß in der besseren Gesellschaft gut bekannt sein ... Er sollte solide und nicht leichtsinnig sein, sonst verführt ihn sein Geschäft zu vielen unnützen und kostspieligen Projekten."

Ein Jahrhundert später hatte sich das Ingenieurswesen zu einem Beruf gemausert. Es gab eine klare berufliche Unterscheidung zwischen den Bau- und Maschinenbauingenieuren. Und nur Genies wie der britische Ingenieur Isambard Kingdom Brunel, der die *Great Western Railway* und das erste transatlantische Dampfschiff, die *Great Western,* erbaute, beherrschten beides. Maschinenbauunternehmen hatten sich inzwischen auf den Bau von Textil- und Dampfmaschinen, Ausrüstung für die Landwirtschaft, Lokomotiven und Werkzeugmaschinen wie Drehbänken und Pressen spezialisiert. Die Maschinen zeichneten sich mehr und mehr durch Leistungsfähigkeit und Genauigkeit aus. Samuel Smiles, Autor des Bestsellers *Selbsthilfe* (1859), beschrieb voller Bewunderung, daß

Links im Bild eines Messingwerkes aus dem frühen 18. Jh. ist zu sehen, wie mit Hilfe von Pferdekraft Rohmetall zerkleinert wird. Die Arbeiter rechts verwenden Kurbelgriffe und einfache Hebel, um Zink und Kupfer zu mischen und die fertigen Messingbleche zu schneiden.

Das Gemälde des französischen Künstlers P. J. Loutherbourg von Coalbrookdale im Westen Großbritanniens betont die spektakuläre Kulisse dieser Wiege der Schwerindustrie. Rechts: Isambard Kingdom Brunel war eines der technischen Genies des 19. Jh.

ein gewisser James Nasmyth einen Rammhammer erfunden hatte, der einen Pfahl in vier Minuten in den Boden rammen konnte, eine Arbeit, die früher zwölf Stunden gedauert hätte.

Trotz solcher Neuerungen war man in der Bauindustrie noch weitgehend auf Schaufel, Hacke, Schubkarren sowie die traditionellen Fertigkeiten der Steinmetzen und Maurer angewiesen. Projektleiter litten oft unter der Dringlichkeit ihrer Pflichten und dem Mangel an sachkundigen Gehilfen zur Entlastung. James Brindley, der Erbauer des Bridgewater-Kanals in Lancashire, beklagte sich bitter, er müsse Landvermesser, Zimmermann, Steinmetz, Ziegelmacher, Schiffsbauer, Zahlmeister und Ingenieur gleichzeitig sein und außerdem die Arbeit von 600 Leuten überwachen. Für den Bau von Deichen, Häfen, Brücken, Kanälen, Straßen und Eisenbahnen benötigte man ganze Armeen von Arbeitern.

Als die *Great Western Railway* gebaut wurde, mußte sich Brunel nach einer Fristüberschreitung von fast vier Monaten persönlich um die Fertigstellung eines Tunnels kümmern. Dieser war mit einer Länge von fast 3,2 km mit Abstand der längste Tunnel, den man bis dahin gebaut hatte. In der zweieinhalbjährigen Bauzeit verbrauchte man jede Woche 1 t Schießpulver und 1 t Kerzen, ganz zu schweigen von den insgesamt 30 Mio. Ziegelsteinen.

Sechs Monate lang ließ Brunel 4000 Menschen und 300 Pferde rund um die Uhr zur Arbeit antreiben. Im Juni 1841 war die Bahnstrecke von London bis Bristol endlich fertiggestellt. Doch allein der Tunnelbau hatte über 100 Menschenleben gefordert.

Der Blackwall-Tunnel, der unter dem englischen Fluß Themse verläuft, wurde 1897 eröffnet – also mehr als 50 Jahre nach Brunels Eisenbahntunnel. Zu diesem Zeitpunkt war der Tunnelbau bereits Routine geworden.

Neue Wege für das Wasser

Die Kanäle in Großbritannien wurden von riesigen Arbeiterheeren gebaut. Die Hilfsmittel, die bei ihrer Tätigkeit zum Einsatz kamen – etwa Flaschenzug, Schubkarre, durch Pferdekraft angetriebene Hebevorrichtungen (Pferdegöpel) und Sprengpulver –, waren nicht besonders kompliziert. Mit speziellen Werkzeugen gruben sich die Arbeiter in die Erde vor, schaufelten diese weg, räumten Schlamm ab und stampften die Lehmsohle des Kanals flach, um die Oberfläche wasserdicht zu machen. Zum Abtransport lud man die Erde auf Schubkarren, die mit den Pferdegöpeln über eine ansteigende Bahn in die Höhe gezogen wurden (unten links). Gleichzeitig schafften die Kanalarbeiter Kalk in Karren auf einer Schienenbahn herbei und brannten ihn in kleinen Öfen zu Mörtel (links).

Deichbauer in den Niederlanden

In diesem Jahr, 1891, arbeiten Jan und sein Bruder Willem an einem Teilstück des Merwede-Kanals in den Niederlanden. Die beiden sind *Polderjongens* (Polderjungen), die sich auf Erdarbeiten spezialisiert haben. Außerhalb der Saison helfen sie auf dem Bauernhof ihrer Eltern aus. Sobald der Frühling kommt, verlassen sie ihr Dorf in Zeeland und machen sich auf die Suche nach einer großen Baustelle. Dort halten sie Ausschau nach einem Vorarbeiter, der in seinem Trupp noch Männer braucht.

Jan und Willem bringen ihr eigenes Werkzeug mit. Bettzeug, Kleidung zum Wechseln, Besteck und einigen Proviant vom Hof haben sie ebenfalls dabei. Für die nächste Zeit werden sie in einer Kate wohnen, die aus einem Holzrahmen mit Segeltuchbespannung besteht. Das Dach ist mit Schilf gedeckt, und die Wände sind aus Grasnarben zusammengesetzt. Beatrix, eine unverheiratete Tochter ihres neuen Vorarbeiters Piet, wird künftig für die 14 Mitglieder des Trupps kochen und ihnen Flickarbeiten abnehmen.

Der Werktag beginnt etwa um 3.30 Uhr morgens. Die Arbeiter warten, bis sie an der Reihe sind, den *Papegaai* (Papagei) zu benutzen. Diese Latrine besteht aus einem Balken, der über einem Graben auf zwei Holzpfosten liegt.

In den Niederlanden waren Wasserwege und Entwässerungssysteme von entscheidender Bedeutung für den Wohlstand des Landes.

Die Arbeitszeit erstreckt sich von 5 Uhr in der Frühe bis 20 Uhr abends. An diesem Morgen graben zwei Drittel der Mannschaft im ersten Teil der Schicht Schlick, die anderen schieben die beladenen Schubkarren fort und kippen den Inhalt ab. Um 8 Uhr legen die Männer eine halbstündige Frühstückspause ein und arbeiten dann wieder weiter. Zur Mittagszeit kehrt der ganze Trupp zur Gemeinschaftshütte zurück, um die tägliche Hauptmahlzeit einzunehmen. Es gibt Kartoffeln und Kohl, mit fettem Speck bestreut. Die Zeit reicht noch für ein kurzes Nickerchen, und um 13.30 Uhr wird die Arbeit wiederaufgenommen. Zweieinhalb Stunden später gibt es eine weitere Pause, dann folgt der letzte Abschnitt der Schicht. Nachdem sie sich gewaschen haben, essen die Männer ein wenig Brot und heiße Grütze.

Der übernächste Tag ist Sonntag – Zeit für das wöchentliche Bad, den Gang zur Kirche und ein wenig Wacholderschnaps.

Der Mann auf diesem belgischen Gemälde von 1890 zieht einen Kahn auf dem Wasser. Solche Boote konnten mit mehreren Tonnen Last beladen sein.

Dieses Gemälde des belgischen Künstlers Constantin Meunier (1831–1905) zeigt Männer, die einen zerbrochenen Tiegel in der Glasfabrik fortschaffen. Jeder von ihnen riskiert ernsthafte Verletzungen und ist auf die Geschicklichkeit und Kraftanstrengung seiner Kameraden angewiesen.

Der Startschuß fiel mit der legendären Fahrt der *Ludwigs-Eisenbahn* auf der 6,1 km langen Strecke von Nürnberg nach Fürth am 7. Dezember 1835. Die Lokomotive mit dem Namen *Adler* hatte der britische Ingenieur George Stephenson (1781–1848) gebaut. Die Waggons stammten aus einheimischer Produktion. Schon binnen eines Jahres zeigte sich, daß sich der Einsatz der Bahn lohnte. Daraufhin wurden auch in anderen Regionen Deutschlands Eisenbahnen gebaut, und bis 1870 waren knapp 20000 km Bahnstrecke in Betrieb.

Der Eisenbahnbau und die weitere Industrialisierung erhöhten den Bedarf an Eisen und Stahl gewaltig. So schwang sich die Roheisenerzeugung zunächst in Oberschlesien, dann aber vor allem im Ruhrgebiet zu einem blühenden Wirtschaftszweig auf. Im Jahr 1893 überholte Deutschland sogar Großbritannien, das Ausgangsland der industriellen Revolution. Und 1913 etwa wurden in Deutschland rund 17,6 Mio. t Rohstahl erzeugt, jenseits des Ärmelkanals nur 7,8 Mio. t.

In der Eisen- und Stahlindustrie machten harte Bedingungen die Arbeit schwer. Männer und auch Jungen ab acht Jahren arbeiteten oft zwölf Stunden ununterbrochen und waren dabei extremen Temperaturen und giftigen Gasen ausgesetzt. Sie litten meist unter Erschöpfung oder Schwindelgefühlen. Ein Zeitgenosse berichtete: „An kleineren Unfällen überwiegen Verbrennungen. Daß ein Eimer, in dem das geschmolzene Metall vom Ofen zum Gießen transportiert wird, umkippt oder platzt, ist die häufigste Ursache für solche Verletzungen." Ereignete sich ein schwerer Unfall, möglicherweise sogar mit tödlichem Ausgang, so mußte dennoch weitergearbeitet werden. Die Öfen durften nicht ausgehen, und die üblichen Arbeitsabläufe waren einzuhalten.

Fabriken und Familien

Den hohen Anteil der Arbeiterinnen in der Textilindustrie erklärte ein britischer Fabrikinspektor um 1830 so: „Ihre Arbeitskraft ist billig, und sie nehmen eher als Männer schwere Erschöpfung auf sich, entweder aus dem lobenswerten Beweggrund, daß sie zusätzlich zum Lebensunterhalt für ihre Familien beitragen oder weil sie sich schöne Kleider kaufen wollen." Als die Arbeitszeiten und -bedingungen für Kinder gesetzlich geregelt wurden, ersetzte man Kinder zunehmend durch weibliche Arbeitskräfte. 1839 arbeiteten in Großbritannien annähernd 300000 Menschen in Baumwollspinnereien, davon mehr als 60 % Frauen. In Woll-, Seiden- und Leinenspinnereien, wo sich die Frauen im Umgang mit den schwierigen Fasern als geschickter erwiesen als die Männer, lag der Anteil noch höher.

Mindestens jede vierte Arbeiterin war verheiratet. Viele von ihnen nahmen ihre Babys in die Fabrik mit, um sie dort – entweder in den kurzen Pausen oder während der Arbeit – stillen zu können. Andere brachten ihre Kinder zu Nachbarinnen, die zu Hause arbeiteten, wie z. B. die Wäscherinnen. Bezeugt ist, daß diese Schreihälsen gern beachtliche Dosen von „Godfrey's Mixture" verabreichten, einem Beruhigungsmittel auf Opiumbasis, so daß sie weiter ihrer Arbeit nachgehen konnten.

Nicht nur auf die Versorgung der Kinder, sondern auch auf die Hausarbeit nahm die Berufstätigkeit der Frauen Einfluß. Ein Mädchen, das schon in jungen Jahren in die Fabrik ging, hatte kaum Gelegenheit, von seiner Mutter grundlegende Fähigkeiten wie Kochen und Nähen zu lernen. Und selbst wenn eine Frau beides beherrschte, kam sie außer am Abend nach der Arbeit oder an den Sonntagen nicht dazu.

Wie ein Fabrikmädchen in Manchester um 1840 lebte

Die industrielle Revolution veränderte den Alltag der Menschen nachhaltig. So wirft der Bericht des britischen Fabrikreformators William Dodd über den Tagesablauf einer typischen jugendlichen Fabrikarbeiterin im Jahr 1842 schon ein bezeichnendes Licht auf das, was in anderen europäischen Ländern erst noch kommen sollte.

Morgens um 4.30 Uhr steht das Mädchen auf. Es trinkt in der Dunkelheit kalten Kaffee und ißt ein Stück Brot. Dann wickelt die junge Frau ihr Frühstück in ein Tuch. Die Fabrikglocke läutet, mahnt zur Eile. Fünf Minuten braucht das Mädchen, bis es in seinen Holzpantinen zur Fabrik gehastet ist.

Um 5.30 Uhr beginnt die tägliche Arbeit. Zwei Stunden später werden die Maschinen langsamer, so daß die junge Frau sie reinigen kann. Wenn sie sich beeilt, bleibt genug Zeit, das mitgebrachte Essen zu verspeisen. Mittags reinigt sie ihre Maschinen gründlicher, bevor sie nach Hause rennt, um etwas Suppe und Brot zu sich zu nehmen. Punkt 13 Uhr kommt das Mädchen wieder an den Arbeitsplatz und arbeitet bis 19 Uhr. Nach der erneuten Reinigung seiner Maschinen kehrt es etwa 14 Stunden, nachdem es morgens aus dem Haus gegangen ist, dorthin zurück.

Das wiederholt sich sechs Tage in der Woche. Samstags kann die junge Frau möglicherweise etwas früher Schluß machen. Sie sieht sehr blaß und zart aus und weist alle Anzeichen einer bevorstehenden Lungenkrankheit auf.

Eine Frau und ein Mädchen bedienen eine Seidenstickereimaschine, mit der ein teures, von Hand gefertigtes Originalstück kopiert wird.

Die Männer sahen vor allem ihre Autorität als Haushaltsvorstand bedroht. Da sie nicht mehr die Leiter eines Familienbetriebes waren, verloren sie die tägliche Kontrolle über ihre Kinder. Es konnte sogar durchaus passieren, daß der Mann arbeitslos zu Hause saß, während seine Frau und Kinder in der Fabrik arbeiteten. Damit war er von ihnen abhängig statt umgekehrt – eine völlige Umkehrung der „natürlichen" Gesellschaftsordnung.

SCHUHE ZUR SABOTAGE

Die *Sabots* oder Holzpantinen, die von französischen Bauern getragen wurden, waren oft schlecht gemacht und unbequem zu tragen. So bürgerte sich schließlich für Handwerker, die minderwertige Ware herstellten, der Begriff Saboteure ein.

Als die Fabriken aufkamen, fanden die Arbeiter bald heraus, daß sie Maschinen wissentlich zerstören konnten, indem sie einen Holzschuh in deren Inneres warfen. Diese Taktik, die Sabotage, wandten Arbeitnehmer vor allem in Zeiten der Konfrontation mit den Arbeitgebern an.

So mag es nicht weiter verwundern, daß zeitgenössische Beobachter wie der Arzt Peter Gaskell behaupteten, die Institution Familie befände sich in Industriegebieten in einer Krise. „Nicht Armut ist die Ursache … nein, sie hat sich aus der Auflösung der Familien, dem Zerfall der Haushalte ergeben." Manche Menschen versuchten, dem entgegenzuwirken. In vielen großen Baumwollspinnereien überlebten die dort beschäftigten Familieneinheiten, in denen der Spinner, seine Frau und zwei oder drei seiner Kinder als Gehilfen arbeiteten, bis in die 20er Jahre des 19. Jh. Dann aber setzten sich die größeren Maschinen durch, die so viele Spindeln besaßen, daß jeder Spinner bis zu neun Gehilfen brauchte. Nur wenige hatten so viele Nachkommen, die alt genug zum Arbeiten waren. Die anderen waren gezwungen, fremde Kinder einzustellen.

Frauen stehen ihren Mann

Näharbeit war völlig unbestritten eine Domäne der Frauen. Aus der Volkszählung von 1851 in Großbritannien geht beispielsweise hervor, daß weit mehr Arbeiterinnen ihren Lebensunterhalt mit der Nadel verdienten (340 000) als in der Baumwollherstellung (272 000). Ein Vierteljahrhundert später waren allein in der französischen Hauptstadt Paris 130 000 Frauen im Bekleidungsgewerbe tätig. Die meisten von ihnen fertigten Hemden oder Leinentextilien an. Die Stickerinnen unter ihnen erhielten den besten Lohn, besonders diejenigen, die mit Gold und Silber arbeiteten.

Diese Karikatur von 1849 in der englischen Zeitschrift *Punch* stellt die Ausbeutung der Handnäherinnen bloß, die bis spät in die Nacht arbeiteten und wenig verdienten.

Ein Korrespondent der *New York Evening Post* schrieb über Frankreich, daß eine „*fleuriste* (Floristin) sehr angenehm leben kann, wenn sie nicht das Bedürfnis verspürt, sich selbst mit den Kränzen zu schmücken, die sie macht". Gut bezahlt wurden die Frauen auch für das Rollen von Zigarren, desgleichen im Juweliergewerbe. Dieselbe Zeitung informierte ihre Leser auch darüber, daß sich die Frauen in den Dörfern des Jura darauf spezialisiert hatten, Rubine zu schleifen, und in Nancy auf das Flechten von Strohhüten. Ihre meist unzulängliche Bildung begrenzte den Zugang der Frauen zu Tätigkeitsbereichen wie dem Druckgewerbe, und der Mangel an Lehrstellen zwang sie in Anlernberufe; so flochten sie Körbe, banden Besen und fertigten Matten und Staubwedel an. Besonders ausgebeutet wurden die Frauen in der Saisonarbeit, z. B. in der Vorweihnachtszeit: „Im November und Dezember mangelt es an Frauen, die bereit

Tausende junger Mädchen waren noch zu Beginn des 20. Jh. in den amerikanischen Textilfabriken tätig. Die Gesetzgebung zu ihrem Schutz verzögerte sich, weil jeder Bundesstaat der USA darauf bestand, eigene Gesetze zu erlassen.

Auf diesem belgischen Gemälde von 1892 (oben) halten Frauen und Kinder Brotlaibe fest umklammert. Sie haben sie zuvor bei einer kostenlosen Verteilung an bedürftige Dorfbewohner bekommen. Der französische Stich rechts zeigt, wie sehr der Tagesverlauf in den Fabriken von Strenge, Disziplin und konzentrierter Arbeit geprägt war.

sind, Puppen anzuziehen und Süßigkeiten zu verzieren. Wer arbeitet, muß die ganze Nacht aufbleiben und seine Nerven strapazieren. Auf diese Geschäftigkeit folgen völlig übergangslos Monate zwangsweisen Müßiggangs."

Die *New York Evening Post* beurteilt die Arbeitsbedingungen für Frauen in Frankreich so: „Im allgemeinen wird vor allem Talent gut bezahlt. Personen, die keines haben und auch körperlich nicht sehr kräftig sind, können ausschließlich in den Fabriken eine einträgliche Beschäftigung finden." Zur Fabrikarbeit gehörten oft auch gefährliche Tätigkeiten, wie die der Glasschleiferinnen. „Die Frauen erledigen ihre Aufgabe bemerkenswert gut, da sie nur Geduld und Geschicklichkeit erfordert. Leider ist es eine sehr ungesunde Arbeit. Die Frauen sind ständig der Gefahr von Lungeninfektionen ausgesetzt, weil sie sich den ganzen Tag über die Schleifscheibe beugen und die Hände im Wasser haben müssen."

Den Ruf einer besonders unangenehmen Arbeit für Frauen hatte das Flachsspinnen: „Die Aufbereitung von Hanf und Flachs ... setzt Unmassen von gesundheitsschädlichem Staub frei. Das Material läßt sich nur in sehr heißen Räumen und mit Hilfe von reichlichen Wassermengen hecheln und spinnen ... Der Geruch nach Flachs in der heißen Luft verursacht einen unerträglichen Geruch. Die meisten Frauen müssen sich teilweise entkleiden, arbeiten dicht gedrängt in diesem Pestilenzgestank und stehen den ganzen Tag schwitzend mit nackten Füßen oft knöcheltief im Wasser. Wenn sie nach zwölf Stunden harter Arbeit aus der Fabrik nach Hause gehen, bieten die Schultertücher, in die sie

ZEITZEUGNIS

Vorschriften in einer Nürnberger Fabrik

Wer erst zehn Minuten nach 6 Uhr morgens kommt, wird nicht mehr in die Fabrik gelassen.

Wer einen viertel, halben oder ganzen Tag fehlt, verliert den Lohn und wird um ebensoviel bestraft.

Wer in der Fabrik Tabak raucht, bekommt einen Tag weniger Lohn.

Wer an den Montagen blaumacht, wird bei der Polizei angezeigt.

Wer herumläuft und mit Kollegen plaudert, statt zu arbeiten, muß auf einen Vierteltageslohn verzichten.

Nach der Fabrikordnung einer Nürnberger Eisengießerei und Maschinenfabrik von 1844

sich einhüllen, kaum einen angemessenen Schutz gegen Kälte und Feuchtigkeit."

Als typisch für französische Fabrikarbeiterinnen mag wohl gelten, was in dem Zeitungsbericht über eine Seidenweberin in Lyon geschrieben steht: „Armselige Unterkunft, Kleidung und Verpflegung, dazu die Verpflichtung, mindestens zwölf Stunden täglich zu arbeiten – das ist das Los einer Weberin in einer günstigen Lage." Für die amerikanische Leserschaft waren solche Enthüllungen doppelt schockierend, denn in den Vereinigten Staaten wurde Pionierarbeit für eine völlig anders geartete industrielle Ordnung geleistet.

DEUTSCHLAND BRINGT FARBE IN DIE WELT

Bis zu den 80er Jahren des 19. Jh. errang Deutschland eine weltweit führende Stellung in der chemischen Industrie. Grund dafür waren nicht zuletzt die hervorragende wissenschaftliche Ausbildung und Forschung im Land. 1877 kamen bereits 50% der weltweiten Farbstoffproduktion aus Deutschland, und 1907 waren es gar schon 80%. Am Vorabend des Ersten Weltkriegs importierte z. B. Großbritannien die Färbemittel für die Uniformen seiner Soldaten aus Deutschland.

Eine Idylle der Industrielandschaft

Im Jahr 1813 errichtete Francis Cabot Lowell, der die Namen von zwei vornehmen Familien Neuenglands trug, mit einem Kapital von 500 000 Dollar die Boston Manufacturing Company. Die Fabrik in Waltham, Massachusetts, wurde Nordamerikas erste integrierte Textilfabrik, in der Baumwolle vom Ballen über die Spindel bis zum Webstuhl unter einem Dach verarbeitet wurde. Knapp ein Jahrzehnt später gründete Lowell am Fluß Merrimack in Chelmsford im selben Staat ein noch ehrgeizigeres Unternehmen. Innerhalb von drei Jahren stieg die Bevölkerungszahl von 300 auf 2000, und als Anerkennung für den Ursprung ihres Wachstums änderte die Gemeinde ihren Namen in Lowell.

Der Ort entwickelte sich in kurzer Zeit zu einem Vorzeigeobjekt. 1828 schrieb ein erstaunter englischer Besucher über die Stadt: Um sechs Uhr morgens „strömten unzählige Mädchen in auffällig gefärbten Kleidern, mit bunten Schals beschwingten Schrittes vorüber – offenkundig in dem Bestreben, an ihren Arbeitsplatz zu gelangen". 14 Jahre später zeigte sich der englische Romanschriftsteller Charles Dickens angesichts dieser Scharen gutgekleideter, gesunder Fabrikarbeiterinnen, die „das Benehmen und die Haltung junger Frauen, nicht entwürdigter Verrohter aufwiesen", ebenso überrascht. Der Kontrast zu den Fabrikmädchen aus dem englischen Lancashire hätte nicht auffälliger sein können. Es war, in Dickens' Worten, der Unterschied „zwischen Gut und Böse, dem lebendigen Licht und dem dunkelsten Schatten".

Das „Lowell-Mädchen" wurde stellvertretend für einen bestimmten gesellschaftlichen Typ. Die Mädchen, oft Töchter vermögender Farmer, Ladeninhaber oder Handwerker, hatten genaue Vorstellungen von ihrem eigenen Wert. Und sie hatten ein klares Ziel, nämlich die Fabrik nach einigen Jahren mit Ersparnissen für die Aussteuer oder einem Notgroschen von 300–400 Dollar zu verlassen. Einige unterstützten ihre Familie bei der Abtragung einer Hypothek oder finanzierten den Collegebesuch jüngerer Geschwister. Andere gingen selbst zum College und waren jedes zweite Jahr in der Fabrik beschäftigt, bis sie die Abschlußprüfung bestanden hatten und Lehrerin werden konnten.

Die Lowell-Mädchen arbeiteten im Sommer zwölf Stunden am Tag und im Winter von Sonnenaufgang bis Sonnenuntergang. Doch sie wurden gut entlohnt, und auch wenn sie die Hälfte ihres Lohnes für Kost und Logis bezahlen mußten, hatten sie noch Geld übrig. Sie wohnten in Pensionen, die von dem Unternehmen ausgewählt und auch kontrolliert wurden. An den Sonntagen muß-

Die Mädchen, die in den Lowellfabriken arbeiteten, gaben eine Zeitschrift mit dem Titel *Lowell Offering* heraus. Sie ist ein seltenes Beispiel für Kultur von und zugleich für die Werktätigen.

Dieser exquisite Kimono aus dem 18. Jh. (ganz oben) verbindet Handstickerei mit Schablonenmalerei. In einer nach europäischem Vorbild errichteten Seidenhaspelfabrik in Japan (oben) tragen nur die männlichen Aufseher westliche Kleidung. Die Frauen, in ihrer traditionellen japanischen Küche, in die westliche Einflüsse keinen Eingang gefunden haben, schälen Gemüse und trocknen Geschirr ab.

ten die Mädchen zur Kirche, und sie hatten sich an das Verbot von hochprozentigen Spirituosen sowie Glücks- oder Kartenspielen zu halten.

Die Idylle währte nicht lange. 1834 und 1836 kam es nach Lohnkürzungen zu Protestversammlungen und Streiks. Man setzte die Anführer der Streiks auf eine schwarze Liste, führte eine wesentlich strengere Ordnung ein und beschäftigte fortan billige, gefügige Arbeitnehmer, vor allem Einwanderer aus Irland und Kanada. Die Mädchen, die ein Beobachter als „schöne, unverschleierte Nonnen des Fleißes, Schwestern der Sparsamkeit“ beschrieben hatte, waren verschwunden.

Industrieller Vormarsch in Belgien

Das erste Land auf dem europäischen Festland, das Großbritannien auf dem Weg zur Industrialisierung folgte, war Belgien. In Seraing bei Lüttich baute William Cockerill (1759–1832), ein Grobschmied aus Lancashire, 1807 eine Fabrik für den Bau von Textilmaschinen. Schon 1819 arbeiteten in dem von seinem Sohn John geführten Werk 3000 Leute. Es gab sieben Abteilungen, und jede von ihnen wurde von einem Engländer geleitet. Das Werk verfügte über ein eigenes Kohlenbergwerk und eine Eisengießerei. Bald exportierte es Maschinen nach Frankreich, Deutschland, Spanien, Italien und Rußland. So lieferte es z.B. während des Aufbaus des Eisenbahnnetzes Lokomotiven nach Preußen und Belgien.

Im Jahr 1872 bestanden die Werke in Seraing u.a. aus vier Kohlenbergwerken, fünf Hochöfen, zwei Gießereien sowie Ziegelwerken, die 15 Mio. Ziegel im Jahr produzierten. Von den 8912 Mitarbeitern waren 420 für den Betrieb des firmeneigenen Eisenbahnsystems zuständig. Das Unternehmen besaß auch eine eigene Werft in Antwerpen und Minen, die seinen Eisenbedarf für 100 Jahre sicherten. Zu den betrieblichen Sozialeinrichtungen gehörten eine kostenlose Arzneimittelversorgung, ein Krankenhaus und ein Waisenhaus.

Ein erschöpfter Arbeiter der Werke in Seraing regte Constantin Meunier zu seinem Gemälde *Müdigkeit* (um 1880) an.

Tränen tropfen auf die Seide

Die Industrialisierung in Japan erhielt Anstösse aus Europa. In den 80er Jahren des letzten Jh. entstand in dem Land mit europäischer Hilfe die Schicht der Fabrikarbeiterinnen. Die Regierung brauchte für ihre Reform- und Modernisierungspläne dringend Devisen und konzentrierte sich deshalb auf die Seidenindustrie. 1870 wurde unter der Leitung eines Schweizer Fachmanns die erste Seidenspinnerei eröffnet.

Die meisten Fabrikarbeiterinnen stammten aus verarmten Familien. Ihre Väter, oft des Lesens und Schreibens nicht kundig, unterschrieben Verträge, die ihre Töchter für fünf oder sieben Jahre zu einer sklavenähnlichen Abhängigkeit verdammten. Die Familie erhielt einen Vorschuß auf den Lohn des Mädchens und konnte damit Schulden oder die Miete bezahlen. Einige Verträge sahen zudem vor, daß den Mädchen in ihrem ersten Jahr überhaupt kein Lohn ausbezahlt wurde, weil sie erst angelernt werden mußten.

Noch 1893, als bereits fast ein Viertel der gesamten Rohseidenproduktion der Welt aus Japan kam, bezahlte man den japanischen Fabrikarbeiterinnen nur 10% des Lohnes ihrer englischen Kolleginnen. Japanische Mädchen in der Baumwollindustrie wurden noch schlechter entlohnt, und sie lebten ständig in der Gefahr, an Tuberkulose zu erkranken, da sie oft Baumwollfusseln einatmeten. Die Arbeits- und Lebensbedingungen waren äußerst hart, wie sich ein Fabrikmädchen später erinnerte: „Von morgens früh arbeiteten wir bis 10 Uhr abends in der Fabrik bei Lampenlicht … Geheizt wurde nicht einmal im Winter, und deshalb mußten wir dicht aneinandergedrängt schlafen. Ein paar Mädchen liefen (nach Hause) zurück … Wenn wir die Arbeit nicht richtig erledigten, wurden wir beschimpft, und wenn wir sie besser machten als andere, nahmen diese es uns übel. Frauen haben wirklich ein schreckliches Leben."

Die eifrigsten Arbeiterinnen brachten ihren Familien pro Jahr 100 Yen mit – das war mehr, als viele Bauern im selben Zeitraum verdienen konnten. So hart die Fabrikarbeit auch war, viele Mädchen zogen sie der Schufterei auf den mit Mist gedüngten Reisfeldern vor, wo sie ständig Wind und Wetter ausgesetzt waren. Die meisten jungen Fabrikarbeiterinnen wurden auch besser ernährt als zu Hause, denn dort standen sie in der Familienhierarchie ganz unten. Manche genossen hin und wieder sogar den Luxus eines heißen Bades. Und viele fanden ihre Arbeit besser, als an ein Geishahaus verkauft zu werden, das ihnen möglicherweise eine ungewisse Zukunft bot.

Leben und Leid der Bergleute

Kohle stellte eine der Grundlagen der industriellen Revolution dar.

Sie lieferte die Energie für alle Techniken in Industrie und Verkehr, die auf Dampfkraft beruhten.

Die Bergleute, die sie abbauten, hatten jedoch ein äußerst schweres Los zu tragen.

In der vorindustriellen Zeit war man zur Deckung vieler Bedürfnisse weitgehend auf Holz angewiesen. Es diente als Rohstoff für Bauwerke, Schiffe, Möbel, Fahrzeuge und unzählige andere Gegenstände des täglichen Lebens. Industrie und private Haushalte benötigten es darüber hinaus als Brennmaterial. Diese intensive Nutzung freilich brachte eine Holzverknappung in vielen Gebieten mit sich – im Südosten Englands bereits im 16. Jh. Steinkohle, die mit dem Schiff aus dem Nordwesten des Landes nach London transportiert wurde, half die Energiekrise in England zu lösen. Allmählich entwickelte sich die Kohle zur treibenden Kraft der industriellen Revolution. Sie lieferte Brennmaterial für Dampfmaschinen und ab dem ersten Drittel des 19. Jh. für Lokomotiven; für die Eisenverhüttung und Gaserzeugung wurde sie ebenso benötigt.

Dieses englische Gemälde aus der Zeit um 1820 läßt die Kohlenförderung in einem sehr positiven Licht erscheinen. Die Umgebung ist ländlich, die Pferde im Vordergrund fressen friedlich, und nichts erinnert daran, wie hart die Arbeit tatsächlich war.

Die Pumpe, die der englische Ingenieur Thomas Newcomen entwickelte, brachte den Bergbau entscheidende Schritte weiter. Die winzige menschliche Gestalt links unten auf der Abbildung läßt die gewaltigen Ausmaße der Maschine erkennen.

Bis zum Ende des 17. Jh. war es kaum möglich, Gruben auszubeuten, die tiefer lagen als etwa 100 m. In größeren Tiefen kam es zu Überflutungen, und es ergaben sich Probleme mit der Belüftung. So blieben in Pachtverträgen die Gewinnungsrechte bei Flözen in einer Tiefe von mehr als 110 m oftmals unberücksichtigt, weil man sie für nicht abbaubar hielt.

Eine gewisse Celia Fiennes, die um 1690 Zinnbergwerke in Cornwall besichtigte, stellte erstaunt fest, daß die Männer, welche die Bergwerke vor Überflutungen bewahren sollten, sogar sonntags arbeiteten. Erst die Erfindung einer einfachen Pumpmaschine durch Thomas Savery (1650–1715), die später von Thomas Newcomen (1663–1729) verbessert wurde, erleichterte den Bergleuten ihre Arbeit. Zugleich ermöglichte sie den Vorstoß in viel größere Tiefen. Mit Hilfe der Maschinen wurde nicht nur Wasser ausgepumpt, sondern ab dem Ende des 18. Jh. verwendete man sie auch zur Kohlenförderung. Um 1778 waren in den Kohlenrevieren an Tyne und Wear in Nordengland mindestens 137 Dampfmaschinen von Newcomen in Betrieb.

Eine wesentlich höhere Leistung erbrachten jedoch die Dampfmaschinen, die in der von Matthew

In ganz Europa und Nordamerika machte letztendlich die Kohle, eine scheinbar unbegrenzte Energiequelle, die Industrialisierung möglich. Nach Großbritannien, das im Kohlenbergbau wie in den meisten Industriebranchen führend war, baute Belgien seine Kohlenförderung aus, vor allem in der Gegend um Lüttich.

In Deutschland kam der Kohlenbergbau recht spät in Gang. 1820 förderte man in Großbritannien rund 12,5 Mio. t Kohle im Jahr. In Preußen hingegen betrug die Fördermenge nur 1,5 Mio. t. Hier war erst nach der Jahrhundertmitte ein sprunghafter Anstieg zu verzeichnen. Bis 1865 hatte Deutschland die Kohlenförderung immerhin auf 21,8 Mio. t, bis 1900 auf 109 Mio. t gesteigert. Nach und nach entwickelte sich das Ruhrgebiet zu einem Zentrum des Kohlenbergbaus, was natürlich nicht zuletzt mit der boomenden Eisen- und Stahlindustrie im Revier zusammenhing. So stammten 1913 allein 60 % der in Deutschland geförderten Kohle von dort.

Ein Junge betätigt die Bremse an einem sogenannten Grubenhund, der von der Schwerkraft angetrieben zum Entladeort fährt. Das Pferd zieht dann den leeren Wagen auf den Schienen zurück.

ZEITZEUGNIS

Aberglauben im Kohlenrevier von Durham

Ein Reporter der britischen *Morning Chronicle* beschrieb in einem Bericht abergläubische Praktiken, die um 1840 in den Kohlenrevieren von Durham üblich waren:

„... Die Bergleute, vor allem die Hauer, achten noch immer sehr genau auf Anzeichen und Omen, bevor sie ihr Tagewerk aufnehmen. Besonderes Unglück bringt es, wenn man auf dem Weg zur Grube einer Frau begegnet ... So mancher Bergmann, der auch nur flüchtig ein Frauenkleid flattern sieht, dreht sich auf dem Absatz um und geht wieder in sein Bett. Ein Herr erzählte mir, er habe einmal unbeabsichtigt die Arbeit in einer Kohlengrube zum Stillstand gebracht, weil er in einen Überwurf gehüllt an den Männern vorüberging, die auf dem Weg zur Arbeit waren. Später erfuhr er, daß eine längere Beratung stattfand ... in der einstimmig beschlossen wurde, daß nichts unvorsichtiger sein könnte, als in das Bergwerk einzufahren, wenn ein paar aus dem Trupp ganz deutlich einen Geist gesehen hätten."

Boulton (1728–1809) und James Watt (1736–1819) in Soho gegründeten Firma hergestellt wurden. Mit diesen Maschinen, die man zuerst 1778 im Nordosten Großbritanniens installierte, gelang es, Schächte in größeren Tiefen zu bauen; um 1802 waren es 180 m, 255 m im Jahr 1810 und 1830 sogar 550 m. Im Jahr 1829 arbeiteten insgesamt 21 000 Mann in den Zechen von Tyne und Wear.

Im Hafen von Whitehaven im Nordwesten Englands, von dem aus Kohle vorwiegend nach Irland exportiert wurde, verfaßte ein Besucher nach dem Anblick der dortigen Arbeitskräfte einen erschütternden Bericht. Besonders erschreckten ihn die Mädchen „mit ihrem zerlumpten und garstigen Äußeren und einem schamlosen und unzüchtigen Benehmen ... Alle Menschen, die wir antrafen, sahen ungewöhnlich elend aus. Bedingt durch ein Übermaß an Arbeit und die schädliche Umgebung, wiesen ihre Gesichter Anzeichen von Krankheit und Verfall auf. Sie waren meist halbnackt, über und über mit Schmutz bedeckt und insgesamt so erbärmlich verunstaltet und ausgezehrt, daß sie aussahen wie ein Volk, das nichts mit der Menschheit gemein hatte. Sie schienen wie in einer Art Fegefeuer dazu verdammt zu sein, ihr Leben in diesem trostlosen Reich der Schatten zu verschleißen."

Vom Standpunkt des Spekulanten aus blieb der Bergbau ein riskantes Geschäft. Es gab viele Unwägbarkeiten – Geologie, Technik, Finanzen, Nachfrage und nicht zuletzt die Arbeitskräfte. Ein Beobachter, der 1844 über die Kohlengruben von Lord Wandesford im irischen Leinster berichtete, machte eine lückenhafte Kontrolle für Verluste verantwortlich: „Weil der Abbau ohne Vorgaben von vielen kleinen Pächtern durchgeführt wurde, ging nicht nur ein großer Teil wertvoller Kohle verloren, ... sondern ein noch größerer Anteil wurde gestohlen oder von den Steigern verkauft, die die Aufsicht über den Abbau führten, ohne daß sie Rechenschaft darüber ablegen mußten."

Rangordnung im Bergbau

Die Bergleute, deren Erwerbsfähigkeit von ihrer körperlichen Kraft abhing, erreichten in relativ jungen Jahren ihr höchstes Einkommen. Dies ermutigte sie dazu, früh zu heiraten und große Familien zu gründen. Ihr Lohn konnte zwar hoch sein, war aber nie gesichert. Abgesehen von Zeitverlusten durch Maschinenpannen oder Grubeneinstürze, kam es im Sommer regelmäßig zu einem Rückgang der Nachfrage nach Heizmaterial. Der Verdienst hing natürlich auch von der Tätigkeit ab. Die Übertagearbeiter hatten einen niedrigeren Rang als die Bergleute unter Tage. Aber auch innerhalb dieser Gruppe bildete sich eine eigene Hierarchie heraus: von gelernten Zimmerleuten, Hufschmieden und Kesselschmieden über die ungelernten Arbeitskräfte, die die Grubenhölzer zum Abstützen der Schächte sortierten und stapelten, bis hin zu Frauen, Jungen und Invaliden. Deren Aufgabe bestand darin, den Abraum auszusortieren. An der Spitze dieser Rangordnung stand der Mann, der für die Antriebsmaschine des Förderkorbes zuständig war, mit dem die Bergleute nach unten zum Kohlenflöz und zurück befördert wurden. Zweimal am Tag lag das Leben von Hunderten von Menschen allein in seiner Hand.

Unter Tage war die Hälfte der Bergleute damit beschäftigt, die Kohle von den Flözen, wo sie abgeschlagen wurde, an die Erdoberfläche zu befördern. Die anderen, die sogenannten Hauer, bildeten die Elite der Bergleute. Sie hieben kniend oder auf der Seite liegend die Kohle mit einer Keilhaue aus. Narben und Schwielen an Ellbogen und Rücken galten bei ihnen als Ehrenabzeichen.

Nach jahrelanger harter Arbeit waren ab dem 40. Lebensjahr nur noch wenige Hauer in der Lage, es mit ihren jüngeren Kameraden aufzunehmen. Eine winzige Minderheit gebildeter und verantwortungsbewußter Männer unter ihnen hatte Aussicht, in eine Position im Bereich Aufsicht oder Sicherheit befördert zu werden. Die meisten wurden im Alter wieder über Tage versetzt, wo sie als Jungen ihre berufliche Laufbahn begonnen hatten, und so schloß sich ein Kreislauf, den ein englisches Volkslied wie folgt beschreibt:

„Oh, mein Name ist Geordie Black, ich werde alt,
ich habe seinerzeit viele Tonnen Kohle gehauen,
und als ich jung war, konnte ich Karren schieben
oder hauen,
von anderen Burschen habe ich mich immer abgehoben.
Es geht bergab, die Haue schwinge ich nicht mehr.
Der Steiger hat mit alten Knochen kein Mitleid.
Ich sitze auf der Bank, verbringe die Zeit damit,
mit den Jungen die Steine auszulesen."

Deutsche Bergmänner um 1900 zeigen ihre Sicherheitslampen. Im Winter bekamen die Bergleute oft monatelang kein Tageslicht zu sehen. Viele Pferde, die dauerhaft unter Tage arbeiteten, erblindeten.

Arbeitskraft als wertvolles Gut

Schwerarbeit erfordert reichhaltige Kost. Die Haushaltsrechnung eines Bergmanns aus Durham in Nordengland um 1790 zeigt als größte Posten der jährlichen Ausgaben Gerste (150 Shillings) und Hafermehl (104 Shillings), gefolgt von Weizen und Roggen (50 Shillings), Butter und Fleisch (jeweils 50 Shillings), Tee und Zucker (40 Shillings), Milch (30 Shillings) und Kartoffeln (28 Shillings). Weitere 30 Shillings wurden für Kerzen und Seife ausgegeben. Die erstaunlich hohen Kosten von 100 Shillings im Jahr für Stiefel und Kleidung dürften auf starke Abnutzung und Verschleiß zurückzuführen sein.

Eine nahrhafte Kost konnte das Durchhaltevermögen eines Bergmanns und damit seine Erwerbsfähigkeit erhalten, doch diese wurde durch viele andere Dinge vermindert. Am schlimmsten war die schlechte Luft; üble Dämpfe in der Grube konnten den stärksten Mann ohnmächtig werden lassen oder dazu führen, daß er mit andauerndem Husten ans Tageslicht zurückkehren mußte. Zudem roch es sehr unangenehm, weil sanitäre Einrichtungen fehlten. Die Bergleute verrichteten ihre Notdurft, wo sie konnten. Verbesserungen in der Belüftung unter Tage führten allerdings dazu, daß die Bergleute des 19. Jh. viel längere Schichten als ihre Großväter arbeiten mußten.

Die ständige Feuchtigkeit in der Tiefe verursachte Schüttelfrost, und die verkrampfte Körperhaltung beim Arbeiten hatte Muskelbeschwerden zur Folge. Extreme Hitze oder Kälte führte oft zu Fieber. Im Jahr 1820 ergaben Messungen in einem Kohlenbergwerk in Jarrow im Nordosten Englands an der Oberfläche eine Temperatur von 8° C, auf der Grubensohle in 245 m Tiefe lag sie schon bei 16° C und in dem am schlechtesten belüfteten Teil der Grube bei 24° C.

Vorsicht, Lebensgefahr!

Darüber hinaus schwebten die Bergleute stets in der Gefahr, durch Steinschlag sowie durch Explosionen, die durch Ansammlungen natürlicher Gase oder fehlerhafte Sprengmittel entstanden, einen plötzlichen Tod zu finden oder dauerhaft invalide zu werden. Zwischen 1850 und 1914 starben durchschnittlich etwa 100 Menschen im Jahr bei Unfällen im britischen Bergbau. Besonders gefährdet waren Jugendliche wegen ihrer Impulsivität und weil ihnen oft das Bewußtsein für die Risiken fehlte, die sie bei ihrer Arbeit eingingen.

Zahlreiche Unfälle ohne tödlichen Ausgang führten laut Statistik zu jeweils durchschnittlich 30 Tagen Arbeitsausfall. Das bedeutete, daß mindestens ein Sechstel der Bergwerksbelegschaft in Großbritannien in jedem Arbeitsjahr ernsthaft verletzt wurde. Von den Bergleuten, die bei Arbeitsunfällen ums Leben kamen, starben 75% nicht – wie man meinen sollte – bei den schrecklichen Explosionen oder Grubeneinstürzen, die im ganzen Land Schlagzeilen machten, sondern durch unspektakuläre, alltägliche Unfälle, die man als unvermeidlich hinnahm. Noch um 1930 hielt der Schriftsteller George Orwell fest, daß die Bergleute an dem wöchentlichen Kauf einer sogenannten Todesmarke, mit der Hilfsfonds für die Hinterbliebenen finanziert wurden, überhaupt nichts Besonderes fanden.

Darüber hinaus gefährdete der Kohlenstaub die Gesundheit der Bergleute, da er Asthma, Bronchitis und Silikose – auch als Staublungenerkrankung bekannt – ver-

Viele Künstler wie hier der Belgier Constantin Meunier stellten die Bergleute groß, kräftig und erhaben dar. In Wirklichkeit waren die meisten von ihnen kleine, drahtige Männer.

Für alte, kranke oder schwache Menschen war in den Bergwerken kein Platz. Manche Arbeiten über Tage erforderten zwar ebensoviel Kraft und Ausdauer wie die Untertagearbeit, wurden aber deutlich schlechter bezahlt.

ursachen kann. Nystagmus, eine Krankheit, bei der die Augäpfel ständig unwillkürlich zittern, wird ebenfalls darauf zurückgeführt. Schließlich mußte der Bergmann stets schwer heben, was bereits in jungen Jahren zur Abnützung der Knochen beitrug. Kurz: Körperliche Verschleißerscheinungen machten sich schon früh bemerkbar.

In Rußland lebten Bergleute oftmals in Behausungen, die ihnen die Arbeitgeber stellten und nur von Männern bewohnt wurden. Die Bedingungen dort trugen nicht zur Linderung der Gesundheitsschäden bei, welche die Arbeit verursachte, sondern verschlimmerten sie eher. Das geht aus dem Bericht eines örtlichen Regierungsinspektors im Industriegebiet des Donezkohlenbeckens um 1880 hervor: „Der Boden der Unterkünfte besteht aus Lehm, ebenso wie das Dach. Innen stehen ein Kochherd, ein Stuhl und eine Bank zum Sitzen; Betten sind die Ausnahme. Durch Dach und Wände drin-

ZEITZEUGNIS

Abschiedsbrief eines verschütteten Bergmanns an seine Frau

Im Jahr 1880 wurden 164 Bergleute nach einer Grubenexplosion im Kohlenbergwerk von Seaham eingeschlossen und starben. Einer von ihnen, Michael Smith, ritzte vor seinem Tod diese bewegenden Worte auf seine Wasserflasche:

„Liebe Margaret, vierzig waren wir insgesamt um sieben Uhr morgens. Ein paar sangen Kirchenlieder, meine Gedanken aber waren bei meinem kleinen Michael, daß er und ich uns im Himmel treffen würden. Meine liebe Frau, Gott behüte Dich und die Kinder, und bete für mich. Lebwohl, liebe Frau, meine letzten Gedanken sind bei Dir und den Kleinen, sorge dafür, daß sie für mich beten. Oh, in welch schreckliche Lage wir geraten sind."

gen Feuchtigkeit und Nässe ein und machen die Luft im Innern der Behausung dumpf und muffig. Die winzigen Fenster mit schmutzigem Glas lassen nur wenig Licht einfallen. Auf diese Weise werden die Arbeiter, die in der stickigen und drückenden Luft während der Arbeit unter Tage nach Luft ringen und ihr Augenlicht im düsteren Flackern einer rauchigen Öllampe ruinieren, sogar in den Ruhepausen um ausreichendes Licht und saubere, frische Luft gebracht. Bedingt durch all diese Mißstände, ist der Bergmann eine ausgemergelte, kraftlose Gestalt, mit einer krankhaft blassen Gesichtsfarbe und schlechtem Sehvermögen ...

In den Gruben hier kommt es oft zu Einstürzen, durch die sich die unzureichende Belüftung der unterirdischen Schächte und Stollen zusätzlich verschlechtert und die Luft so dick wird, daß die Lampen erlöschen ..."

Kein Platz für Moral

Viele Kohlenbergwerke hatten Probleme, Personal zu finden. Oft lagen sie in abgeschiedenen Gegenden, und ihre Arbeiter, die – bedingt durch die langen Arbeitsstunden – ihre Nachbarn kaum zu Gesicht bekamen, wurden von diesen oft mit Furcht, Argwohn oder Verachtung betrachtet. So gerieten die Bergleute in gesellschaftliche und körperliche Isolation mit der Folge, daß sie unter sich blieben und die Arbeit in den Gruben von einer Generation zur anderen weitergaben. In den Kohlenrevieren Nordfrankreichs nutzten die Unternehmer diese Verhaltensweise für sich. Familien, aus denen Jungen hervorgingen, bekamen größere Wohnungen; dadurch hatten die Eltern mehr Privatleben und konnten weiteren, hoffentlich männlichen Nachwuchs in die Welt setzen.

Oben: Handbetätigte Fördergeräte in einem Schacht in geringer Tiefe. Mitte: Hauer bei der Untertagearbeit. Unten: Karrenschieber, die in den niedrigen Schächten nur gebeugt gehen können.

Die Söhne wiederum arbeiteten dann ebenfalls im Bergwerk.

In Zeiten schnellen Wirtschaftswachstums bereitete es den Unternehmern Schwierigkeiten, zusätzliche Arbeitskräfte zu gewinnen. Häufig holten sie sich Männer aus weitentfernten Gebieten, wo die Zukunftsaussichten so düster waren, daß sogar der Bergbau verlockend erschien. In den Kohlenrevieren in Südwales arbeiteten z.B. Männer, die aus Irland oder Cornwall stammten, wo die Kupferminen bereits erschöpft waren.

Aufgrund des Personalmangels hegten die Arbeitgeber Interesse daran, die nachwachsende Generation möglichst schnell bei sich zu beschäftigen. Damit erklären sich zum Teil die erschreckenden Tatsachen, welche die Kommission für Kinderarbeit in Großbritannien 1840 herausfand: Im allgemeinen nahmen die Knaben im Alter von acht oder neun Jahren die Arbeit auf, doch es gab Aufzeichnungen, die besagten, daß auch Jungen von vier Jahren in den Bergwerken eingesetzt wurden. Wettertürwärter, welche die Belüftungstüren bedienten, arbeiteten ganz allein in völliger Dunkelheit durchschnittlich zwölf Stunden je Schicht. Besonders schockierend war es aus viktorianischer Sicht, daß – wie die Kommission feststellte – „die Mädchen und Knaben, die jungen Männer und Frauen und selbst verheiratete Frauen und Frauen mit Kind in der Regel fast nackt arbeiten, die Männer in vielen Gruben sogar ganz nackt; und alle möglichen Zeugen können den demoralisierenden Einfluß der Beschäftigung von Frauen unter Tage bestätigen". Als Folge davon verbot das britische Parlament im Jahr 1842 die Untertagearbeit von Jungen unter zehn Jahren und von Frauen gleich welchen Alters.

Ein Spitzel lässt die „Mollies“ auffliegen

Molly Maguire war die Anführerin einer Protestbewegung gegen die Grundbesitzer in Irland um 1840. Nach ihr benannte man in den Vereinigten Staaten einen geheimen Zusammenschluß von Bergleuten, die rund 30 Jahre später in den Anthrazitrevieren im Osten Pennsylvanias und in West Virginia angeklagt wurden.

Niedriger Lohn, unerträgliche Arbeitsbedingungen, Ausbeutung und die Diskriminierung von Katholiken bei der Einstellung von Personal erregten den Unmut der Bergleute. Sie legten daraufhin Brände, verursachten Explosionen und verübten Attentate. Die Minenbesitzer hegten schließlich den Verdacht, daß ein irischer Wohlfahrts- und Sozialverein, der *Ancient Order of Hibernians*, den „Mollies“ als Fassade diene. Angeführt von Franklin B. Gowen, dem Präsidenten der Philadelphia Coal and Iron Company, heuerten sie den Detektiv James McParlan an, der sich in die Gruppe einschleusen sollte. Seine Aussagen vor Gericht führten im Juni 1877 dazu, daß zehn angebliche „Mollies“ gehenkt wurden.

Einen Monat später kam es in den Vereinigten Staaten zu erneuten Unruhen, als Arbeiter der Baltimore and Ohio Railroad gegen eine zweite Lohnkürzung innerhalb von vier Jahren protestierten. Im Verlauf der gewaltsamen Ausschreitungen wurden in Baltimore neun und in Chicago 19 Streikende erschossen.

Die Frauen der Bergleute von Pennsylvania hielten auch im Verlauf blutiger Auseinandersetzungen zu ihren Männern.

Strafe bei Abwesenheit

Mit verschiedenen Methoden versuchte man die Arbeitsmoral zu verbessern. 1859 belegte eine französische Kohlengrube ihre Leute für einen Tag Abwesenheit mit einer Geldstrafe in Höhe von eineinhalb Tageslöhnen. Drei Jahre später erachtete man es als besser, Prämien für regelmäßiges Erscheinen zu zahlen. Nach weiteren fünf Jahren wurde wieder ein neues System eingeführt; nicht die Männer selbst erhielten Prämien, sondern die Vorarbeiter der Schicht. Das freilich hielt nicht sehr lange an. 1868 wurden die Geldbußen auf zweieinhalb Tageslöhne erhöht. Als die Männer 1871 angesichts einer weitverbreiteten Wirtschaftsflaute und zahlreicher Entlassungen Angst hatten, ihre Arbeitsplätze zu verlieren, hörten sie damit auf, einfach blauzumachen, um ihr kleines Stück Land, das ihnen gehörte, zu bestellen.

Die Einwandererkinder in dieser Bergbaugemeinde im Osten Pennsylvanias hatten kaum Bildungsmöglichkeiten. So blieben viele von ihnen zwangsläufig an die Gruben gebunden.

Mehr Sicherheit dank Davy-Lampe

Im Jahr 1815 beauftragte die Britische Gesellschaft für Unfallverhütung in Kohlenbergwerken den Wissenschaftler Humphry Davy (1778–1829) damit, herauszufinden, unter welchen Bedingungen sich Grubengas (Methan) mit Luft vermischt und explodiert. Davy war der führende Experimentalwissenschaftler seiner Zeit; in England wurde er deshalb geadelt, in Frankreich erhielt er eine der höchsten Auszeichnungen, obwohl die beiden Länder Krieg gegeneinander führten. Der Forscher entwickelte eine Lampe, deren offene Flamme durch eine doppelte Hülle aus Metalldrahtgewebe abgeschirmt war. Dadurch wurden Explosionen verhindert.

Für die Grubenbesitzer erhöhte sich nun die Aussicht auf Gewinn. Die Lampe ermöglichte die Ausbeutung tiefliegender Kohlevorkommen, deren Abbau man bislang für zu gefährlich hielt. Die Bergleute nahmen aber weiterhin Käfige mit Kanarienvögeln mit in die Tiefe. Erstickte eines der Tiere, so wußten die Männer, daß sie sich in Sicherheit bringen mußten, weil sich giftige Gase ausbreiteten.

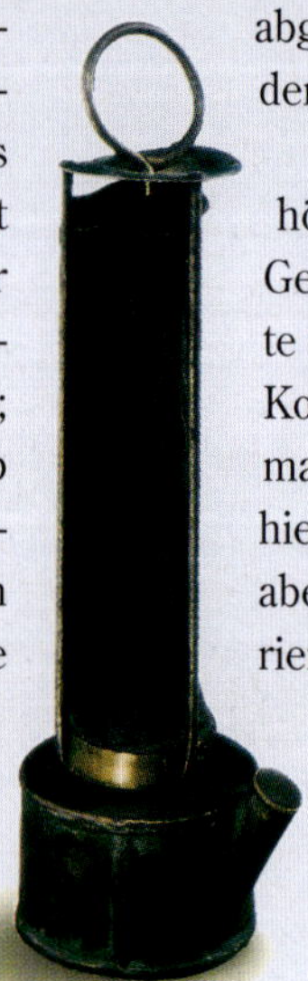

Die Erfindung der Gruben-Sicherheitslampe brachte Humphry Davy weltweiten Ruhm ein.

Bis die elektrische Beleuchtung im 20. Jh. aufkam, gehörte die Gruben-Sicherheitslampe zur Ausrüstung des Bergmannes.

Anwesenheit ist jedoch keine Garantie für Engagement. Viele Unternehmer befürworteten ein Akkordsystem mit der Begründung, daß es die Produktivität steigere und gleichzeitig weniger bezahltes Aufsichtspersonal erforderlich mache. Als Alternative bot es sich an, soziale Leistungen zu erbringen. Dadurch versuchten die Arbeitgeber, die Macht der Gewerkschaften zu schwächen, die Belegschaft stabil zu halten und sich die Möglichkeit zu verschaffen, aufsässigem Personal Undankbarkeit vorzuwerfen. So stifteten die Unternehmer oft das Land und die Materialien für den Bau von Kirchen und Kapellen, während die Bergleute ihre Arbeitskraft zur Verfügung stellten. Büchereien und Leseräume wurden ebenfalls eingerichtet.

In Frankreich, Belgien und Großbritannien schufen die Bergleute oft eigene, selbstfinanzierte und -verwaltete Einrichtungen, die sich dem Einfluß der Arbeitgeber oder Kirchen entzogen. Dazu zählten Sozialversicherungspläne und genossenschaftlich geführte Läden. Diese machten die Bergleute von firmeneigenen Geschäften unabhängig. Meist wurden sie von Gewerkschaftern geführt, die man wegen Agitation entlassen und auf die schwarze Liste gesetzt hatte, die sie von einer weiteren Beschäftigung im Bergbau ausschloß.

Alkohol spielte im Leben der meisten Bergleute eine wichtige Rolle. Makler, die Gasthäuser zum Verkauf anpriesen, erwähnten gern, wenn diese in der Nähe eines Bergwerks oder einer Gießerei lagen, sozusagen als Garantie für die Rentabilität. Das Trinken war jedoch mehr als eine Schwäche oder ein Mittel zum Vergessen. Bis zur Mitte des 19. Jh. kosteten Tee und Kaffee relativ viel, Milch und Wasser erschienen aus hygienischen Gründen bedenklich. Stark alkoholhaltige Getränke dagegen brachte man mit Kraft und Männlichkeit in Verbindung. Da die Wochenlöhne oft in Gasthäusern ausgezahlt wurden, entwickelte sich das abendliche Trinkgelage als Abschluß einer Arbeitswoche zu einem nahezu unvermeidbaren Ritual.

Streik!

Viele Bergleute waren gefahrenerprobt, zäh und untereinander höchst solidarisch. Diese Eigenschaften sowie die ungeheure Kluft, die in bezug auf Reichtum und Lebensweise zwischen ihnen und den Minenbesitzern bestand, verliehen den Auseinandersetzungen im Bergbau eine besondere Bitterkeit. Als die Minenbesitzer im nordenglischen Durham den Zeitpunkt der Vertragsverhandlungen im Winter 1809 zu Ungunsten der Bergleute vorverlegten, kam es zu einem Proteststreik. Nach dem Gewohnheitsrecht sollten die Verhandlungen für den Jahresvertrag der Männer im Oktober stattfinden, und von deren Standpunkt aus sprach vieles für diesen Monat. Sie konnten so die große Nachfrage nach Kohle in der Vorweihnachtszeit dafür nutzen, die Prämie für die Weiterverpflichtung in die Höhe zu treiben. Die Besitzer konterten mit dem Angebot eines Viermonatsvertrags, der im Januar zu erneuern war. Im Verlauf des daraus erwachsenden Streiks wurden so viele „Rädelsführer" verhaftet, daß das Gefängnis von Durham voll belegt war; sogar die Ställe des Bischofs und die Besserungsanstalt mußten Häftlinge aufnehmen. Insgesamt wurden 159 Männer festgenommen.

Im selben Kohlenrevier gingen 1832 ein Streik der Kumpels und zwölf Jahre später eine Aussperrung der Arbeitgeber mit Ausweisungen aus den Werkswohnungen einher. Der Verlust ihres Heims, auch wenn es noch so erbärmlich war, machte den Bergarbeitern schwer zu schaffen. 1844 mußten die Opfer in Zelten leben. So ist es kaum überraschend, daß Streikbrecher abgefangen, verprügelt und ausgezogen wurden; ihre Kleidung landete samt ihren Werkzeugen im Grubenschacht.

ZOLA RECHERCHIERTE GRÜNDLICH

Ein 56tägiger Streik in den Bergwerken von Anzin bei Valenciennes in Nordfrankreich im Jahr 1884 bot Emile Zola den Stoff zu einem seiner größten Romane, *Germinal*. Der Entschluß des Schriftstellers, einen Roman über Bergleute zu schreiben, stand bereits fest, als der Arbeitskampf in Anzin ausbrach. Er gab sich als Sekretär eines verständnisvollen Parlamentsabgeordneten aus, besuchte das Gebiet, befragte die Streikenden sowie ihre Ehefrauen und fuhr unter Tage, um die Bedingungen in etwa 600 m Tiefe am eigenen Leib zu erfahren. Da er ein hohes Maß an Authentizität erreichen wollte, las Zola auch sehr viel über Berufskrankheiten der Bergleute und Bergbautechniken nach. Die ersten zehn Kapitel des Romans schildern 24 Stunden im Leben einer Bergmannsgemeinde: Eine neunköpfige Familie schläft in einem einzigen Raum; auf den Straßen häuft sich Schmutz, „wie er für Bergbaugebiete typisch ist, schwarz und rußdurchsetzt, dick und so klebrig, daß die Holzpantinen steckenbleiben"; die einzigen öffentlichen Gebäude sind Kirchen, häßliche Backsteinbauten, die wie Öfen aussehen; und alkoholische Getränke sind derart beliebt, daß „auf tausend Häuser über 500 Tavernen entfallen". In allen Einzelheiten beschrieb Zola die Bedingungen, die den Bergmann auf das Niveau eines Tieres – „unterdrückt, unterernährt, ungebildet" – erniedrigten.

Zwei Jahrzehnte nach der Veröffentlichung von *Germinal* kam es in den französischen Kohlenrevieren zu einer Katastrophe, bei deren Schilderung sich selbst die Feder Zolas gesträubt hätte. Im Jahr 1906 starben anläßlich einer Grubengasexplosion in Courrières 1200 Menschen. Der Vorfall trug dazu bei, daß etwa 61 000 Bergleute in den Streik traten und gegen die Bedingungen protestierten, unter denen es zu einem derartigen Unglück kommen konnte. In Paris schlossen sich noch einmal doppelt so viele Arbeiter an. Der Arbeitskampf wurde durch gewaltsame Ausschreitungen gegen die Polizei und Nichtstreikende zu einem klassischen Bergarbeiterstreik. Er rief weitreichende Sympathien bei der arbeitenden Bevölkerung hervor, aber die grundlegenden Unsicherheiten im Leben der Bergleute veränderte er nicht.

Kohle wurde in der industrialisierten Welt zum beliebtesten Brennmaterial. Man erhielt sie in Lagern, die sich meist in der Nähe von Bahnhöfen befanden.

Entwicklung des Handwerks

Einem großen Teil der Handwerker entzog die industrielle Revolution allmählich die Grundlage ihrer Arbeit. Viele mußten sich an stereotype Tätigkeiten gewöhnen; andere jedoch waren nach wie vor als hochqualifizierte Arbeitskräfte sehr gesucht.

Der typische Arbeiter der vorindustriellen Welt war der Handwerker, der mit einfachen Werkzeugen anspruchsvolle Produkte herstellte, etwa Schmuck, Möbel, Spitze oder Bücher. Dem Urbild des Erwerbstätigen in der industriellen Welt entsprach im Gegensatz dazu der Maschinenarbeiter in der Fabrik, der mit komplizierten Maschinen einfache Waren produzierte, wie z.B. Baumwollstoff, Nägel oder Besteck. Sein Aufstieg brachte aber nicht den sofortigen Niedergang des Handwerks mit sich; es blieb vielmehr noch lange sehr stark vertreten. 1851 gab es etwa in Großbritannien, dem zu diesem Zeitpunkt fortschrittlichsten Industrieland der Welt, doppelt so viele Bauhandwerker wie Kohlenbergleute und zweimal so viele Schneider wie Eisenhüttenarbeiter. In Preußen stellten die Handwerker um das Jahr 1860 immerhin noch an die 60% der gewerblichen Arbeitskräfte. Und die Zahl der Handwerksmeister hatte sich von 1840 bis 1861 von rund 400 000 auf annähernd 535 000 erhöht.

Trotzdem zwangen neue Techniken und Arbeitsweisen

Das holländische Gemälde von 1630 (oben) zeigt einen umherziehenden Flickschuster. Die Nähmaschine ermöglichte die Massenproduktion in der Schuhmacherei, wie in der Fabrik im britischen Northampton um 1900. Die Arbeiter, in der Regel Frauen, setzten einfach vorgefertigte Teile zusammen (rechts).

Ländliche Handwerker in Japan färben mit Indigo Schablonenmuster auf Stoffe. Viele Landbewohner verdienten sich außerhalb der Erntezeit mit handwerklichen Tätigkeiten ein Zubrot.

den Handwerker zur Anpassung. Menschen, die in jungen Jahren Fertigkeiten erlernt hatten, die zur Herstellung eines vollständigen Produkts benötigt wurden, mußten sich gegen Ende ihres Berufslebens möglicherweise mit der ständigen Wiederholung eines einzigen Arbeitsgangs, eines Verfahrens oder der Arbeit an einem Bauteil abmühen.

Mobilität und Unbeweglichkeit

Seit je hatten sich Handwerker von anderen Arbeitern unterschieden: durch ihre Fähigkeiten, die sie in der Regel in einer siebenjährigen Lehre erworben hatten, durch den Besitz eines bescheidenen Kapitals in Form von Werkzeug, Werkstoffen und Vorräten, durch ihre Kenntnisse im Lesen und Schreiben und durch ihre Organisationen zum Schutz ihres Gewerbes. Eine typische Vereinigung zur Wahrung ihrer Interessen war die Zunft. Sie verband die Funktionen einer technischen Ausbildungsstätte, eines Versicherungsunternehmens, eines Amtes für die Überwachung bestimmter Qualitätsnormen und eines gesellschaftlichen Vereins miteinander. Die Zünfte legten auch die Stationen der Berufslaufbahn fest – vom Lehrling über den Gesellen bis zum Meister. Den Gesellen z. B. war vorgeschrieben, daß sie im Land auf Wanderschaft gehen mußten, um ihre Kenntnisse zu vertiefen und weitere Erfahrungen sammeln. Dabei konnten sie nur darauf vertrauen, daß ihre Empfehlungsschreiben ihnen an jedem Ort, wo ihr Handwerk ausgeübt wurde, Tür und Tor öffneten, mindestens aber ein Bett und eine Erfrischung sicherten, vielleicht sogar für eine Arbeitsstelle sorgten.

Ein gewisser Thomas Hodgskin lernte um 1820 auf einer Fahrt durch Norddeutschland diese Regelung kennen. Er zeigte großes Erstaunen darüber, daß die jungen Männer nach Abschluß ihrer Lehre tatsächlich gezwungen wurden, als Handwerksburschen drei Jahre lang von Stadt zu Stadt auf Wanderschaft zu gehen, bevor sie sich niederlassen oder heiraten durften. Wer diesen Vorschriften nicht nachkam, wurde mit Ausschluß aus der Zunft bestraft und galt damit sein Leben lang als ungelernter Arbeiter. Der Reisende fand dieses System kaum besser als die Landstreicherei.

Der ideale Handwerker

Die beiden Briten John Ruskin und William Morris erhoben die selbstgenügsamen Tugenden des Handwerkers zum Ideal.

Mit der Realität hatte das Heldentum, das der Kunstkritiker John Ruskin (1819–1900) und sein Schüler William Morris (1834–1896) den Handwerkern unterstellten, nur wenig gemeinsam. Ruskin vertrat den Standpunkt, die europäische Kultur habe schon in der Renaissance eine falsche Richtung eingeschlagen. Durch die Hervorhebung des Künstlers und der schönen Künste als Selbstzweck habe sie den Handwerker abgewertet. Statt dessen befürwortete Ruskin eine Rückkehr zu mittelalterlicher Kreativität, als Künstler und Handwerker eins waren und das Weben eines Gobelins für den Hausgebrauch ebenso als Kunst galt wie das Meißeln einer Statue zum Schmuck einer Kathedrale.

William Morris ging mit seinen vielseitigen Talenten und ungestümer Energie daran, diese Vorstellung in die Praxis umzusetzen. Er versuchte sich als Maler, baute Möbel und entwarf Buntglasfenster, bevor er sich auf die Herstellung von Teppichen, Tapisserien, Tapeten, Vorhang- und Kleiderstoffen konzentrierte. Der Kunsthandwerker erlebte es noch, daß er den Geschmack und die Lebensweise der europäischen und amerikanischen Mittelschicht entscheidend prägte. Über die Firma Morris & Co. lieferte er eine Palette gutgearbeiteter, dauerhafter und preiswerter Produkte: von den sogenannten Sussex-Stühlen mit dem Sitz aus Binsengeflecht für das Wohnzimmer über die Fliesen mit Blumen-

Revolutionärer Traditionalist: Der Kunsthandwerker William Morris, 55 Jahre alt, trägt die einfache Kleidung eines Arbeiters (rechts). Das Titelbild seiner Utopieschrift *News from Nowhere (Nachrichten aus dem Nirgendwo)* zeigt sein Landhaus Kelmscott Manor.

THIS IS THE PICTURE OF THE OLD HOUSE BY THE THAMES TO WHICH THE PEOPLE OF THIS STORY WENT. HEREAFTER FOLLOWS THE BOOK IT-SELF WHICH IS CALLED NEWS FROM NOWHERE OR AN EPOCH OF REST & IS WRITTEN BY WILLIAM MORRIS.

NEWS FROM NOWHERE OR AN EPOCH OF REST.

CHAPTER I. DISCUSSION AND BED.

UP at the League, says a friend, there had been one night a brisk conversational discussion, as to what would happen on the Morrow of the Revolution, finally shading off into a vigorous statement by various friends, of their views on the future of the fully-developed new society.

SAYS our friend: Considering the subject, the discussion was good-tempered; for those present, being used to public meetings & after-lecture debates, if they did not listen to each other's opinions, which could scarcely be expected of them, at all events did not always attempt to speak all together, as is the custom of people in ordinary polite society when conversing

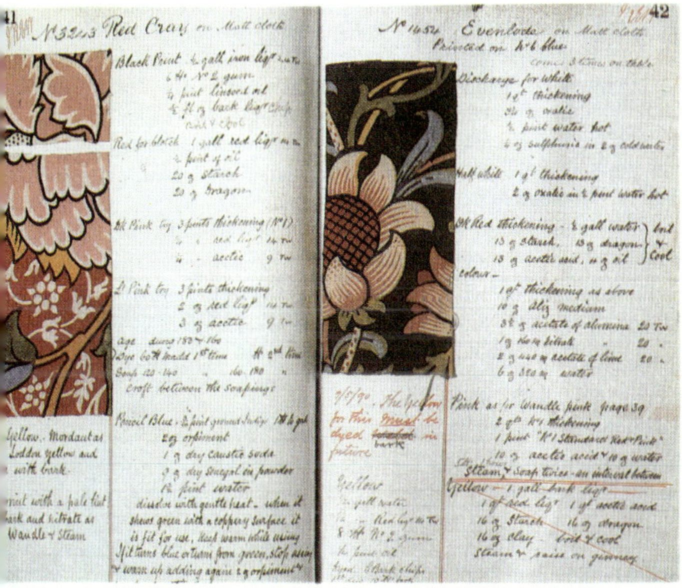

motiven für Küche und Bad bis zu bunten Wandbehängen mit Vogelmotiven für das Schlafzimmer.

Ruskin und Morris beklagten den Einfluß der Mechanisierung auf Gestaltung und Qualität von Gegenständen für den Haushaltsbedarf. Die maschinell hergestellten Waren seien zwar billiger, aber qualitativ minderwertiger. Auch glaubten beide, die Zerlegung der Arbeitsprozesse, mit der die Industrialisierung einherging, mache die Befriedigung durch „Arbeit als Aufgabe" schlichtweg zunichte und ersetze sie durch geisttötende „Arbeit als Schufterei".

Morris führte über seine Experimente mit Pflanzenfarben genau Protokoll (ganz oben links). Seine Entwürfe beruhten oft auf natürlichen Formen wie beispielsweise der des Granatapfels (oben rechts). Viele Arbeiten führte Morris nicht selbst aus, sondern überließ sie seinen Angestellten (oben links).

Die Ideen von Morris regten zur Gründung verschiedener Gilden an. Diese sollten handwerklich solide gearbeitete Gegenstände für eine anspruchsvolle Kundschaft herstellen. So folgte etwa die *Century Guild*, die 1882 ins Leben gerufen wurde, bei der Herstellung von Möbeln, Textilien und Metallgegenständen dem Vorbild von Morris & Co. Die geschwungenen Flammen- und Blumenmotive vieler Entwürfe der Gilde waren eindeutig eine Vorwegnahme der Bewegung, die später als Jugendstil bekannt wurde.

ZEITZEUGNIS

Betrug war an der Tagesordnung

Eine anonyme Beobachterin beschreibt die Zustände im New Yorker Textilgewerbe um 1890 so:

„In einer Zeitung von Long Island stand ein Stellenangebot für eine Frau zum Annähen von Knöpfen ... Nachdem meine Probearbeit für gut befunden wurde, sagte man mir, der Preis betrage 2 Cents für 12 Dutzend (144) angenähte Knöpfe, Faden werde nicht geliefert. Schnell multiplizierte ich im Kopf und kam auf 60 Cents für 30 mal 12 Dutzend Knöpfe. Davon zog ich 5 Cents für Nähgarn und 30 Cents für das Fahrgeld ab, so daß ein Verdienst von 25 Cents übrigblieb. Trotzdem war ich froh, etwas zum Lebensunterhalt beisteuern zu können, und ich machte mich gleich an die Arbeit, als ich nach Hause kam. Innerhalb von einer Woche nähte ich 4320 Knöpfe an, und als ich sie ablieferte, sagte man mir, nur 10 mal 12 Dutzend seien richtig befestigt; ich bekäme also höchstens 30 Cents und solle mich am folgenden Samstag wieder melden.

1889 schoß der Bildjournalist Jacob Riis dieses Foto von einer kleinen Schneiderei in einem New Yorker Mietshaus.

Als nächstes versuchte ich mich an Krawatten. Ich nähte vier Probestücke, was von 9 bis 13 Uhr mittags dauerte. Als ich damit fertig war, kam eine junge Frau mit ausgestreckter Hand auf mich zu: ‚1 Dollar Pfand für das Material, bitte', zwitscherte sie. Da ich kein Geld bei mir hatte, verließ ich diesen Heimarbeitsplatz. Die von mir gefertigten Krawatten behielt man dort, ohne mich dafür zu entlohnen."

Heimarbeiterinnen mußten oft in kilometerlangen Fußmärschen Rohmaterial von ihrem Arbeitgeber holen und die fertigen Waren hinbringen.

Auch die Verhältnisse in Österreich stießen auf Kritik, z.B. in einem britischen Botschaftsbericht aus Wien vom Januar 1858: „Man kann sagen, daß jeder Arbeiter vom Beginn seiner Lehrlingszeit an ein bestimmtes, eng umrissenes Gewerbe gebunden ist, aus dem es kein Entkommen gibt. Wenn er im weiteren Verlauf seines Lebens feststellt, daß Neigungen oder Instinkt ihn in eine andere Richtung ziehen, darf er diesen nicht nachgeben, es sei denn, er wäre bereit, sein Leben von vorn zu beginnen. Sollte er erkennen, daß er sein Geschäft mit Leichtigkeit erweitern könnte, ... muß er jeden Gedanken daran aufgeben, wenn er feststellt, daß er damit die Privilegien einer anderen Zunft beeinträchtigen würde. Auch Fleiß zahlt sich nicht aus. Der Arbeiter ist gezwungen, für den Meister, und nur für ihn, tätig zu sein; denn, ... wenn er auf eigene Rechnung zu arbeiten wagt, verstößt er gegen das Gesetz. Ein teilbeschäftigter Schneider oder Schuhmacher etwa, der für den Unterhalt der Familie in seiner Freizeit einen Mantel oder ein Paar Schuhe anfertigt und verkauft, macht sich eines strafwürdigen Vergehens schuldig. Niemand kann ohne Erlaubnis einen Laden eröffnen. Hat er die Genehmigung, so darf er nur eine bestimmte Art von Artikeln verkaufen, über die willkürlich entschieden wird … Wenn in der Stadt, in der er sich niedergelassen hat, die Wirtschaft allgemein schlecht steht oder sein Gewerbezweig einen Überhang aufweist, kann er nicht einfach umziehen …“

Mit der Einführung der Gewerbefreiheit, die in den verschiedenen deutschen Staaten zu unterschiedlichen Zeitpunkten erfolgte, verloren die Zünfte ab der Mitte des 19. Jh. allmählich an Bedeutung. In Großbritannien war dies bereits im 18. Jh. der Fall, und in Frankreich wurden die Zünfte 1791 per Dekret abgeschafft.

Arbeitslosigkeit und Chance

Die neuen Techniken machten oft urplötzlich besondere Fertigkeiten überflüssig und damit zunichte. Das Aufkommen billiger, leistungsfähiger Nähmaschinen ab 1850 z. B. erschwerte den Schneidern das Leben, vor allem wenn sie Massenprodukte wie Uniformen anfertigten, die möglichst billig sein sollten. Auch die Stiefelmacher erhielten Konkurrenz von Maschinen. Diese nähten das Oberleder nicht mehr an die Sohle, sondern nagelten es daran fest. In der Möbelschreinerei und Tischlerei machten mechanische Sägen viele routinemäßige Arbeitsschritte, die mit der Handsäge ausgeführt wurden, entbehrlich.

Von derartigen Neuerungen waren vor allem die ungelernten Kräfte betroffen, deren Arbeit am leichtesten von Maschinen übernommen werden konnte. Oft handelte es sich dabei um Heimarbeiter in ländlichen Gegenden – Frauen oder Bauern, die in Teilzeitarbeit tätig waren und die sich lieber eine andere Arbeit suchten, als organisierten Widerstand zum Schutz ihrer traditionellen Fertigkeiten zu leisten.

In den großen Metropolen wie Paris, Wien und London konnte sich das Handwerk am ehesten halten. Monsieur Audiganne, der Autor einer 1856 in Paris veröffentlichten Studie über den industriellen Fortschritt, bot seinen Lesern eine recht eigenwillige Erklärung dafür, daß die Pariser Handwerker Großbritannien trotz seines technischen Fortschritts um Längen voraus seien: „Es ist doch wirklich

Sèvres-Porzellan (rechts) verkörperte ein sehr hohes Niveau traditioneller Handwerkskunst. Der langwierige Prozeß der Herstellung ist unten auf der Radierung aus dem 18. Jh. dargestellt.

bemerkenswert zu sehen, daß die Pariser Erzeugnisse … in allen Kunsthandwerken, in denen guter Geschmack eine wesentliche Voraussetzung für den Erfolg ist …, sich nach wie vor durch ihre unübertroffene Qualität hervorheben. Es sind immer die Vorlieben des Publikums, die die Schwerpunkte der Herstellung bestimmen … Vollendung in den industriellen Fertigkeiten leitet sich demzufolge von eben den Grundsätzen ab, die den Charakter des Volkes ausmachen … Also läßt sich die Überlegenheit der Stadt Paris auf dem Gebiet des Kunsthandwerks ganz leicht durch ihre Rolle in der allgemeinen kulturellen Entwicklung erklären."

Paris hatte 1870 eine Industriearbeiterschaft von etwa 400 000 Mann. Von diesen waren 115 000 im Bekleidungs- und Textilgewerbe beschäftigt, nicht so sehr in Fabriken, sondern vielmehr in kleinen Ausbeuterbetrieben; 110 000 betätigten sich in der Schmuck-, Möbel- und Luxusartikelbranche, 100 000 in der Bauindustrie, 41 000 in der Lebensmittelverarbeitung und 34 000 im Druckgewerbe.

Eine Herstellerin von Spielkarten zeigt ihre Werkzeuge.

Der Faubourg St. Antoine war damals, ebenso wie Clerkenwell in London, eindeutig noch ein *Quartier*, ein Viertel, in dem Handwerker wie z. B. Schlosser, Uhr- und Büchsenmacher, Juweliere und Hersteller von Instrumenten für Wissenschaft und Navigation sowie von medizinischen Geräten lebten und arbeiteten.

Häufig mußten sehr weite Wege zur Arbeitsstätte in Kauf genommen werden, da die Fabriken außerhalb der Wohnsiedlungen lagen. Und je spärlicher die Beschäftigungsmöglichkeiten wurden, desto größere Strecken hatten die Handwerker zurückzulegen. 1913 z. B. fuhren in abgelegenen Landesteilen Belgiens, wo Wohnraum leichter zu finden war als Arbeit, von der Dämmerung bis spät nachts die Züge in kurzen Zeitabständen. In allen Dörfern an der Strecke setzten sie Scharen von Arbeitern ab –

Die Fahne einer britischen Gewerkschaft (oben) stellt den Arbeiter als Herkules dar, der mit der Schlange des Kapitalismus kämpft – „bis alles Elend, Prostitution und Ausbeutung beseitigt sind". Rechts: Streik in einer französischen Fabrik im Jahr 1870.

Paul Revere: Ein Tausendsassa an allen Fronten

Paul Revere (1735–1818) ist den Amerikanern als Volksheld bekannt, dessen Taten im Unabhängigkeitskrieg durch ein Gedicht von Henry Wadsworth Longfellow (1807–1882) unsterblich gemacht wurden. Als reitender Kurier gelang es ihm, die amerikanischen Patrioten im April 1775 vor dem nahenden Feind, den britischen Truppen, zu warnen.

Doch die weniger dramatische, eher kommerzielle Seite seines Lebens zeigt, wie es ein geschickter Handwerker im wirtschaftlichen Aufschwung des 18. Jh. in Nordamerika zu einem wohlhabenden Geschäftsmann bringen konnte. Der in Boston geborene Revere, der von französischen Hugenotten abstammte, machte bei seinem Vater Apollos de Revoire eine Lehre als Silberschmied. Dies war einer der Handwerkszweige, für die Boston berühmt war.

Mit 30 Jahren hatte Revere seine Tätigkeit auch auf den Kupferstich ausgedehnt und zeigte Talent für bissige politische Karikaturen. Weil er eine ständig größer werdende Familie zu versorgen hatte, mußte er seine Fertigkeiten jedoch noch breiter fächern: Er stellte chirurgische Instrumente her, betrieb Einzelhandel mit Brillen und ersetzte fehlende Zähne. Revere entwarf auch die ersten Münzen des amerikanischen Revolutionsregimes und zudem das Siegel, das noch heute von seinem Heimatstaat Massachusetts verwendet wird. Als der Unabhängigkeitskrieg im Jahr 1775 ausbrach, entdeckte der vielseitige Mann für sich weitere neue Betätigungsfelder: Für die Revolutionäre wurde er der wichtigste Lieferant von Schießpulver, auf dessen Herstellung er sich zuvor spezialisiert hatte. Nach Beendigung des Krieges eröffnete Revere schließlich eine Gießerei und erfand ein Walzverfahren für Kupferblech.

Diese Radierung von Paul Revere zeigt das Massaker von Boston 1770 – eine Konfrontation im Vorfeld des Unabhängigkeitskrieges.

etwa Maurer, Stukkateure und Zimmerleute mit ihren Werkzeugsäcken auf dem Rücken. Manche von ihnen mußten 90 oder 110 km fahren, bis sie zu Hause ankamen.

Mit besseren Karten ausgestattet

Selbst als die Handwerker zunehmend um ihr Überleben kämpfen mußten, blieb ihre Schicht als solche weiterhin ein Symbol der Unabhängigkeit und ein Vorbild für den Fabrik- oder Gelegenheitsarbeiter. Im großen und ganzen neigte der Handwerker weniger zu Verschwendung, Streit und übermäßigem Alkoholgenuß, und er sparte mehr als der ungelernte Arbeiter. Die Handwerker unterhielten eigene Zeitungen und organisierten Vorträge, um ihr Wissen zu erweitern. Sie nahmen regelmäßiger an Gottesdiensten teil und kümmerten sich konsequenter um die Schul-, Aus- und Weiterbildung ihrer Kinder. Im allgemeinen hatte der Handwerker auch ein geordnetes Zuhause.

Da die meisten Angehörigen dieses Berufsstandes über reiche organisatorische Erfahrung verfügten und des Lesens und Schreibens kundig waren, fiel es ihnen entschieden leichter, für ihre Interessen zu kämpfen, als den ungebildeten, oft umherziehenden Arbeitern. Der Handwerker ließ seine Interessen entweder von den Gewerbevereinen, welche allmählich die Zünfte ersetzten, vertreten oder setzte sich persönlich dafür ein. So stellten die Handwerker – vor allem Drucker, Bäcker und Bauhandwerker – unter den Menschen, die in den Revolutionsjahren 1830, 1848 und 1870/71 in Frankreich auf die Barrikaden gingen, den größten Anteil.

Widerstand gegen die Maschinen: die Ludditen

Ned Ludds bäuerliches Pendant, Captain Swing, führte Angriffe auf Dreschmaschinen an, welche die Arbeitsmöglichkeiten im Winter zu verringern drohten.

Der Ursprung des Wortes Ludditen, das man heute mit blindem Widerstand gegen technologischen Fortschritt gleichsetzt, geht auf die Maschinenstürmerei im Jahr 1811 in Großbritannien zurück. Der Aufruhr begann in Nottinghamshire und dehnte sich auf die benachbarten Midland-Grafschaften Leicestershire und Derbyshire aus; dann auch auf Yorkshire, Lancashire und Cheshire. Die Ludditen von Nottingham waren Strumpfmacher, und sie behaupteten, unter dem Kommando eines Captains, Generals oder einfach Ned Ludds zu stehen – einer mythischen Gestalt, die angeblich in Sherwood Forest zu Hause war. Sie gingen gegen veraltete Maschinen vor, die ihrer Meinung nach dazu mißbraucht wurden, mit ungelernten Arbeitskräften minderwertige Strümpfe herzustellen. Somit würden der Markt und zugleich der Ruf ihres Gewerbes ruiniert.

In Lancashire und Cheshire stürzten sich die Ludditen auf die mechanischen Webstühle und in Yorkshire, wo Wolle gewonnen und verarbeitet wurde, auf die Schermaschinen. Aber nicht nur der Haß auf die Mechanisierung bewegte die Maschinenstürmer, auch der Hunger trieb sie um; und so kam es zu Aufständen, bei denen sie Nahrungsmittel forderten.

Hartnäckiges Schweigen der Bevölkerung vereitelte zunächst alle Bemühungen der Regierung, die Maschinenstürmer durch den Einsatz von Soldaten in ihre Gewalt zu bringen. Schließlich verabschiedete das Parlament ein Gesetz, dem zufolge die Zerstörung von Strumpfwirkmaschinen als Vergehen galt. Wer sich dessen schuldig machte, sollte gehängt werden.

So erging in Cheshire an 14 Ludditen das Todesurteil, an zweien von ihnen wurde es wirklich vollstreckt. 17 Ludditen hängte man in Yorkshire, weitere acht wurden deportiert. Und in Lancashire richtete man vier Menschen hin, weil sie Händler gezwungen hatten, Nahrungsmittel zu billigen Preisen zu verkaufen.

Vorgehensweisen wie die der Ludditen waren 1819 auch in Frankreich, 1846 und 1848 in Schlesien und zwischen 1852 und 1854 in Barcelona zu beobachten.

In Großbritannien formten ausgebildete Handwerker das Rückgrat der Chartisten, einer Arbeiterbewegung, die Friedrich Engels und Karl Marx stark beeinflußte. Auch die gewaltfreien „Neuen Modellgewerkschaften“ um 1850, die sich Verhandlungen über Akkordlöhne und Lohngefälle auf das Banner geschrieben hatten, fanden ihre stärkste Stütze im Handwerk.

Eine Parade von streikenden Hafenarbeitern in London im Jahr 1889. Diese ungelernten Kräfte organisierten sich erst eine Generation nach den Handwerkern in Gewerkschaften.

FAMILIE UND HÄUSLICHES LEBEN

Ein Bahnhofsvorsteher in Dienstuniform im Kreis seiner Lieben – mag das Bild auch noch so harmonisch erscheinen, die Kluft zwischen Beruf und Privatleben vertiefte sich immer mehr. Die Familie als Gemeinschaft des Arbeitens, in der Eltern und Kinder im Haus ihren Lebensunterhalt verdienten, geriet durch die industrielle Revolution zunehmend ins Wanken. Das traute Heim wurde angesichts wirtschaftlicher Ungewißheit zur Zuflucht und zu einer Quelle des Trostes idealisiert.

Heirat und Ehe

Eine dauerhafte und von Liebe erfüllte Beziehung blieb für die meisten Männer und Frauen das Ideal, selbst für diejenigen, welche auf eine Heirat verzichteten. Tatsächlich bedeuteten die Risiken von Geburt, Krankheit und Unfall aber oft, daß die Partner frühzeitig durch den Tod getrennt wurden.

Das britische *MacMillan's Magazine* veröffentlichte um 1860 einen autobiographischen Bericht über Werbung und Ehe eines anonymen Eisenbahnbauarbeiters: „Als ich vor zehn Jahren in Baldock in Hertfordshire tätig war, wohnte ich in einem Gasthaus. Gleich gegenüber lebte eine junge Frau, eine Strohflechterin, die mir immer wieder auffiel. Sie kannte mich jedoch nicht einmal vom Sehen. Ich entschloß mich, sie zu heiraten ... Nun ja, kurz darauf verließ ich Baldock und hatte nur einmal mit Anne – so hieß sie – gesprochen. Das war eines Abends, als ich sie zufällig traf. ‚Sie machen also einen Spaziergang, junge Frau?' meinte ich. ‚Ja, genau', sagte sie, und das war alles, was sich zwischen uns abspielte. Ich fand, sie war das am saubersten aussehende Mädchen der Stadt."

Dann ging er für ein paar Monate fort und sparte ein wenig Geld für die Hochzeit, obwohl er noch nicht einmal um Annes Hand angehalten hatte. Nach seiner Rückkehr wurde sie auf ihn aufmerksam, und fünf Wochen später beschlossen die beiden zu heiraten. „Es war eine stille Hochzeit, bis ein paar Leute mit einer Trommel und einem Zinkkessel kamen und etwas Katzenmusik machten. Manche Menschen sagen, Heiraten bringe Unglück, doch ich kann nur sagen, daß jener Tag der bisher glücklichste meines Lebens war..."

Die Eisenbahnkontrolleure lebten mit ihren Familien zwar in armseligen Hütten, aber sie pflegten ihre Gärten und trugen ordentliche Kleidung.

Zumindest bei der Brautwerbung hatten die Armen den Reichen gegenüber einen Vorteil. Während wohlhabende Heiratswillige doch gewisse Ansprüche an soziale Herkunft und Vermögen des potentiellen Partners stellten, konnten die Mittellosen ihre Entscheidung eher von gegenseitiger Zuneigung abhängig machen.

In den meisten Gebieten Europas lag das durchschnittliche Heiratsalter über, in Nordamerika dagegen unter 25 Jahren. Nur in schlechten Zeiten, wenn man sich mehr um Geld und Arbeitsplätze sorgte, war es noch höher. Männer wie Frauen besaßen somit bereits eine gewisse Lebenserfahrung

Gruppenbild am Arbeitsplatz: Die Männer, die im Eisenbahnbau beschäftigt waren, durften eine kurze Pause einlegen, um sich für das Foto in Pose zu bringen. Ihr Werkzeug, die Schaufel, behielten sie in der Hand.

Eine französische Hausfrau aus dem Mittelstand gibt ihrer Köchin, die gerade vom Einkaufen zurückkommt, Anweisungen (kleines Bild rechts).

und wußten, welche Eigenschaften einen guten Partner für sie auszeichneten. Ehen zwischen Jugendlichen waren selten, es sei denn, das Mädchen wurde ungewollt schwanger.

Kriterien für die Partnerwahl

Arbeiter suchten nach einer Partnerin, die in erster Linie gesund und außerdem hauswirtschaftlich sehr geschickt sein sollte. Hausangestellte erfreuten sich besonderer Beliebtheit, weil sie meist bei ihren Arbeitgebern eine gute Schulung und Ausbildung genossen hatten. Frauen achteten beim Mann auf Stetigkeit; er sollte ein zuverlässiger Ernährer sein und nicht zu Gewalt und übermäßigem Alkoholgenuß neigen. Wenn einer der Partner Ersparnisse besaß, betrachtete man das als eindeutigen Beweis für dessen Fähigkeit, im Leben gut zurecht-

Ein Dienstmädchen trägt ein Tablett die Treppe hinunter. Das Personal war selbst dann tätig, wenn die Herrschaften schon oder noch schliefen.

ZEITZEUGNIS

Beneidenswerte amerikanische Frauen

Der amerikanische Anwalt Charles J. Ingersoll war ein glühender Patriot, dem es zutiefst mißfiel, daß Europa eine kulturelle Überlegenheit beanspruchte. 1810 veröffentlichte er einen anonymen Bericht über sein Heimatland: „Ehen werden in den Vereinigten Staaten früh und im allgemeinen aus uneigennützigen Motiven vertraglich festgelegt. Mit sehr wenigen Ausnahmen sind sie den Partnern heilig ... Der Umgang der Geschlechter miteinander ist – ohne Laster – vertrauter als in anderen Teilen der Welt; darauf ist zum großen Teil die gute Basis zurückzuführen, auf der unsere Gesellschaft beruht. In manchen Ländern herrschen kalte, überhebliche Bräuche vor ... in anderen dagegen Zügellosigkeit, Sinnlichkeit und Verworfenheit. In den Vereinigten Staaten gehen Mann und Frau frei, keusch und achtbar miteinander um ... In Nordamerika genießen tugendhafte Frauen das Vertrauen ihrer Gatten, die Ehrerbietung ihrer Kinder und den Respekt der Gemeinschaft ... Und da die Gesellschaft ehrbarer Frauen die beste Schule für gutes Benehmen ist, zeichnen sich die Amerikaner durch eine Gewandtheit aus, die keine andere Nation, auch nicht die kultivierteste, erreicht hat."

Die selbstbewußten Verhaltensweisen amerikanischer Ehefrauen brüskierten oft Europäer, welche die USA bereisten.

zukommen – eine der besten Garantien für eine erfolgreiche Ehe.

Frauen standen stärker unter Druck, einen Ehemann zu finden, als Männer, eine Frau zu nehmen. Ein Mann hatte die Möglichkeit, eine Ehe einzugehen, solange seine Körperkraft und damit seine Erwerbsfähigkeit erhalten blieben. Eine unvermögende Frau jenseits des gebärfähigen Alters hatte nur die düstere Aussicht vor Augen, ständig als Dienstbotin zu leben – gegen Entgelt im Haus eines Fremden oder unbezahlt bei Verwandten.

Wilde Ehen

Die Verlobungszeit dauerte in der Regel höchstens ein paar Monate oder sogar nur Wochen. Bis zur Heirat sparte das Paar so viel Geld an, daß es für eine einfache Einrichtung ausreichte. In größeren Städten lebten die Partner auch recht häufig ohne Trauschein zusammen. Stadtbewohner waren oftmals Wanderarbeiter. Sie hatten sich aus dem Familienverband, in den sie hineingeboren waren, und meist auch von traditionellen Vorstellungen gelöst. Deshalb standen sie ungeordneten Verhältnissen mit mehr Toleranz gegenüber als z. B. festgefügte dörfliche Gemeinschaften. Viele Paare entschieden sich für die Ehe miteinander erst nach der Zeugung oder Geburt ihres ersten Kindes – oder manchmal sogar noch später. Vier Fünftel aller Seidenarbeiter, die 1844 im französischen Lyon heirateten, hatten bereits Kinder, denen die Zeremonie verspätet Legitimität verschaffte.

MEHR SITZKOMFORT

Die Industrialisierung ermöglichte vielen Familien ein bequemeres Leben – beispielsweise auch beim Mobiliar. Da Kissen aus Roßhaar oder Wollabfällen sowie Sprungfedern nun massenweise produziert wurden, konnten sich Menschen, die zuvor allenfalls einen Holzstuhl besaßen, auch gepolsterte Sessel oder sogar ein Sofa leisten.

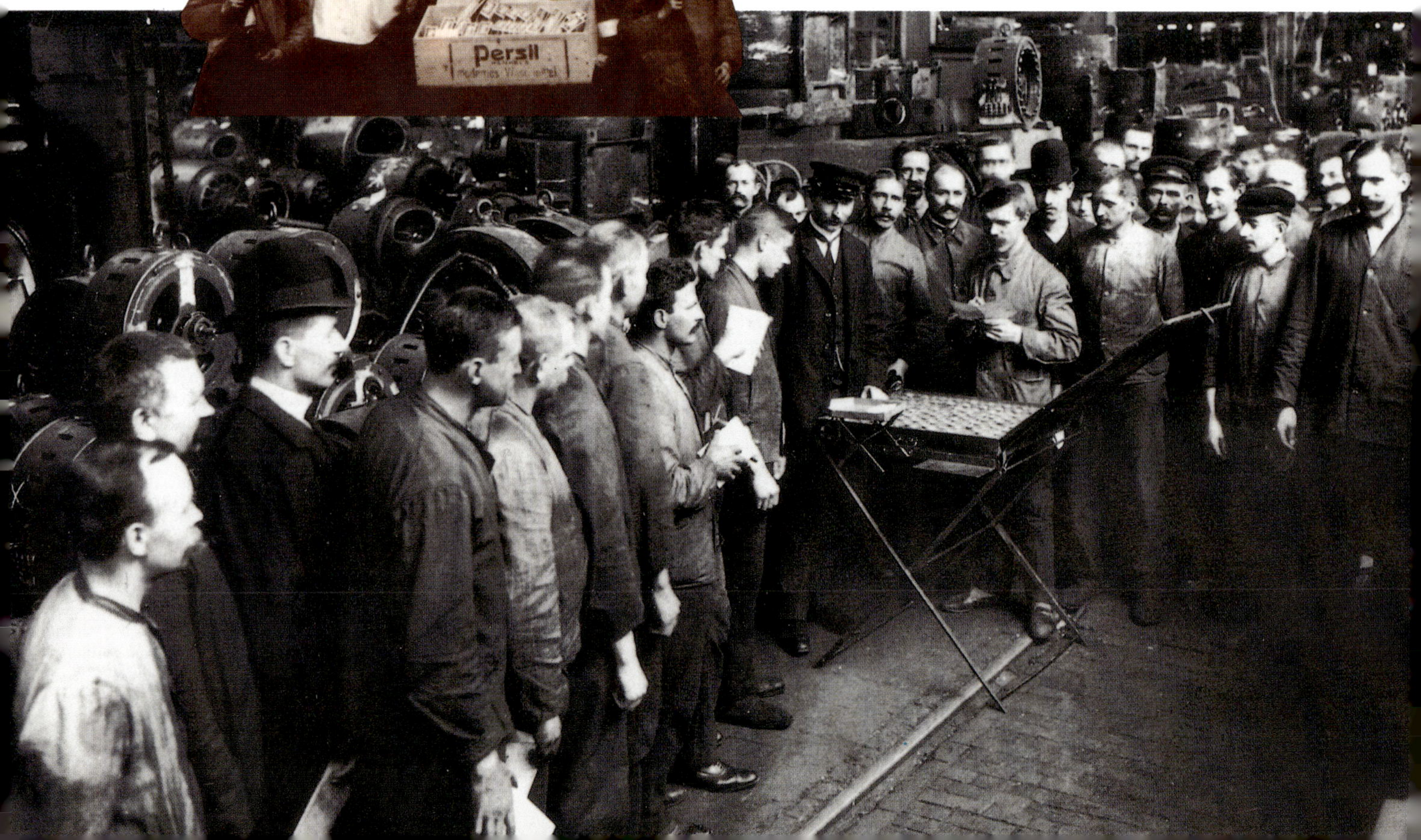

Eine Produktionsgruppe von 1908 in der Düsseldorfer Persilfabrik (links). 1911 stellten sich die Facharbeiter in den technischen Werken der AEG in Berlin am Zahltag in der Werkshalle auf (unten).

Am Sonntagmorgen bieten Familien der Mittel- und Oberschicht in den Londoner Kensington Gardens ein Bild von trauter Harmonie.

Heiratserlaubnis

In Mittel- und Osteuropa wurde die Heirat armer Leute bis weit in das 19. Jh. durch rechtliche wie gesellschaftliche Beschränkungen erschwert. Noch um 1860 stellte der englische Journalist Henry Mayhew zu seiner Verwunderung fest, daß den Männern in Sachsen die Eheschließung vor dem 24. Lebensjahr gesetzlich verboten war. Arbeiter mußten beim Stadtrat eine Bittschrift um die Heiratserlaubnis einreichen und eine sichere Beschäftigung nachweisen. Der Stadtrat hatte auch das Recht, Schwachsinnigen und Taubstummen die Ehe zu verweigern, nicht aber Blinden, Krüppeln oder Schwindsüchtigen.

Die Hochzeitszeremonie selbst war meistens sehr kurz, anschließend aber folgte ein Fest, das bis Mitternacht dauerte und von zahlreichen, uralten Bräuchen begleitet wurde. Besonders einer davon schockierte den sonst unerschütterlichen Mayhew: „Einer der Herren verschwindet heimlich unter dem Tisch und holt sich ein Strumpfband von den Beinen aller anwesenden Damen. Es ist Sitte, daß die jungen Frauen eigens für diesen Teil des Hochzeitsfestes bunte Strumpfbänder anziehen. Dann werden die Strumpfbänder zum Tisch hochgereicht und in kleine Stücke zerschnitten, welche die Herren anschließend im Knopfloch tragen."

Die Mittelschicht pflegte gesittetere Bräuche und hielt eine längere Verlobungszeit für angemessen. Der Mann mußte beispielsweise eine längere Berufsausbildung als Rechtsanwalt, Arzt oder Architekt abschließen, abwarten, bis man ihn beförderte oder bis eine entsprechende Stelle frei wurde. Und mancher Heiratswillige baute zunächst ein Geschäft so weit auf, daß es zwei Personen ernähren konnte. Das dauerte oft Jahre, wenn nicht gar ein Jahrzehnt.

Reich, aber unglücklich

Einer reichen unverheirateten Frau boten sich zwar in materieller Hinsicht bessere Möglichkeiten, aber gefühlsmäßig hatte sie genauso gegen Einsamkeit zu kämpfen wie ihre mittellosen Schicksalsgenossinnen. Am häufigsten nahmen jene Frauen zu einem Leben als Gouvernante oder Gesellschafterin einer anderen, reicheren Dame Zuflucht. Doch obwohl sie höhergestellt waren als Dienstboten, konnte von einer echten Gleichberechtigung mit den Arbeitgebern keine Rede sein. So mußten sie in vielen Fällen zahllose kleine Kränkungen hinnehmen. Frauen mit Besitz konnten einen Laden, eine Pension oder eine Schule aufmachen, obwohl derartige Unternehmungen riskant und für Schwankungen der Wirtschaftslage anfällig sein konnten. In katholischen

Eine junge Frau, die bald heiraten möchte, wählt den Stoff für ihr Hochzeitskleid aus. Jungfräuliches Weiß tragen Bräute seit dem späten 19. Jh.

Vor einem Hochzeitsfest im ländlichen Frankreich begrüßt das Brautpaar Verwandte und weitere Gäste.

Ländern gab es schließlich immer die Alternative, Nonne zu werden. Noch bis zum letzten Drittel des 19. Jh. blieben die Verhältnisse unverändert, erst dann verbesserte sich die Lage deutlich; als sich das Schulwesen und die Verwaltung ausweiteten, Kaufhäuser, Krankenhäuser sowie Hotels entstanden und Telefon und Schreibmaschine aufkamen, erhielten gebildete alleinstehende Frauen Zugang zu vielen neuen Arbeitsplätzen.

Heiratsvermittlung und Mitgift

In Frankreich blieb die Brautwerbung einem strengeren Ritual unterworfen als z. B. in der angloamerikanischen Welt. Zudem spielten dort auch Religion und Mitgift bei der Partnerwahl eine größere Rolle. Die Franzosen waren immer wieder aufs neue verwundert, welch gleichgültige Haltung man in den englischsprechenden Ländern (Irland ausgenommen) in Fragen der Mitgift einnahm, das heißt zu den Vermögenswerten, welche die Braut in die Ehe mitbrachte. Häufig verbanden sich neureiche Familien mit altangesehenen, indem sie ihre Töchter mit unterbezahlten Beamten oder Armeeoffizieren aus gutem Haus verheirateten.

Die Heiratsvermittlung war eine wichtige Beschäftigung für besorgte Mütter, ältere Fräuleins mit romantischen Gemütern und Cousinen. Jahreszeitlich bedingte Feierlichkeiten, größere kirchliche Feste, sommerliche Picknicks und Ausflüge lieferten den Rahmen für die Anbahnung von Bekanntschaften. Die jungen Franzosen leiteten ihren Vorstoß häufig dadurch ein, daß sie sich durch Vermittlung eines früheren Klassenkameraden oder eines Arbeitskollegen mit den Eltern des Mädchens in Verbindung setzten. Wenn der Antrag angenommen wurde, wandten sich die Eltern des jungen Mannes an die des Mädchens, um die Verlobung offiziell zu machen. Durch eine Verabredung zum Abendessen im Haus der künftigen Braut gaben die beiden Familien das freudige Ereignis öffentlich bekannt. Selbst nach der Verlobung trafen sich Paare der Mittelschicht nur in Gegenwart einer Anstandsdame

Vermählung in der Mittelschicht (oben). Die Karikatur links zeigt einen Geldsack unter dem Brautschleier und macht sich so über die Ehen der Reichen lustig.

und führten ihren Briefwechsel unter der Aufsicht der Mutter des Mädchens.

Inzwischen legten die beiden Familien die Einzelheiten der Mitgift in einem förmlichen Ehevertrag fest, der in Gegenwart eines Notars unterzeichnet wurde. Gemäß Sitte und Brauchtum stellten die Braut und ihre Eltern als Symbol dafür, daß das Mädchen künftig die Hausfrauenpflichten übernehmen würde, eine Aussteuer zusammen. Fiel diese bescheiden aus, bestand sie meist aus je drei Dutzend Bettüchern, Kissenbezügen, Tischdecken, Servietten und Servierschürzen; eine großzügige Aussteuer enthielt jeweils zwölf Dutzend dieser Gegenstände.

In Frankreich wie in vielen anderen katholischen Ländern konnte die kirchliche Hochzeitsfeier das Jahresgehalt eines jungen Beamten verschlingen. Theoretisch trug der Bräutigam diese Kosten, die Brauteltern dagegen bezahlten das anschließende Fest, das unter Umständen zwei oder drei Tage dauerte. In der Praxis aber finanzierte der Brautvater oft taktvoll die Hochzeit ganz oder zumindest zum Teil. Seit etwa 1830 folgten den Feierlichkeiten meistens Flitterwochen – eine Sitte, die von England ausging. Das beliebteste Reiseziel war Italien, das Land von Romeo und Julia.

Wie man in der Ehe zurechtkam

Nach der Hochzeit kam dem Ehemann die Aufgabe zu, den Lebensunterhalt zu verdienen, während sich die Frau ganz der Führung des Haushalts widmete. Gehörte sie zur Arbeiterschicht, mußte sie kochen, putzen, flicken und später auch die Kinder beaufsichtigen; wenn möglich, sollte sie darüber hinaus zum Einkommen der Familie beisteuern. Entsprechende Möglichkeiten gab es genügend: Wäsche waschen, je nach Jahreszeit bei der Ernte etwa von Obst oder Hopfen helfen oder Heimarbeit wie stricken, Stroh flechten oder das Anfertigen von künstlichen Blumen, Spitzen, Stoffspielzeug, Pappschachteln oder Bettdecken.

Die Ehefrau eines Arbeiters führte sowohl in der Stadt als auch auf dem Land ein hartes Leben. Noch schwieriger war es – ob verheiratet oder nicht – für die Partnerin eines Mannes, etwa eines Soldaten, der aus beruflichen Gründen ständig seinen Wohnsitz wechselte. Soldatenfrauen wurden von den führenden Köpfen der Armeehierarchie gewöhnlich ignoriert, es sei denn, sie waren mit Unteroffizieren oder langfristig dienenden Soldaten verheiratet. Deren Frauen wurden als unbezahlte Waschfrauen oder Krankenschwestern herangezogen. Starb ihr Gatte, standen sie in der Regel ohne jegliche Absicherung da. Sie konnten nur auf eine einmalige Geldzuwendung von einem menschenfreundlichen Oberst hoffen oder auf den Erlös einer Sammlung, wenn der Ehemann bei seinen Kameraden beliebt war.

In einem Londoner Arbeiterviertel stellt eine Mutter mit ihren Kindern Partyfähnchen her (links unten). Die Illustration aus einem französischen Magazin zeigt ein Paar, das – wegen seiner Trunksucht und Schulden – sich und seine kleine Tochter umgebracht hat (unten).

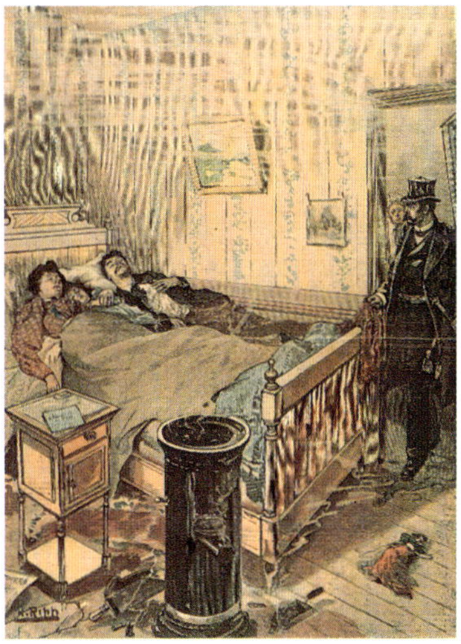

Die Frau eines wohlhabenden englischen Bauern posiert mit Pferd und Kutsche vor dem Anwesen. Das Dienstmädchen trägt seine Serviertracht, die männlichen Bediensteten hingegen haben grobe Kleidung für die Arbeit im Freien an.

Haushaltsführung

Nach außen hin hatte es oft den Anschein, daß in der Mittelschicht der Ehemann die Haushaltsführung seiner Frau beaufsichtigte. In Wirklichkeit aber hatten die meisten Ehefrauen ziemlich freie Hand. Sie waren oberste Hausverwalterinnen, organisierten die täglichen Arbeiten, erzogen die Kinder und verwalteten die Ausgaben. Im Gegensatz zu Arbeiterfrauen kam ihnen darüber hinaus auch die Aufgabe zu, unter der im Haushalt beschäftigten Dienerschaft für Fleiß, Ehrlichkeit, Gehorsam, Nüchternheit und – soweit möglich – für eine harmonische Zusammenarbeit zu sorgen.

Zugleich stand den Frauen der Mittelschicht mehr Freizeit zur Verfügung. Die Mechanisierung der Produktion führte allmählich zu einer Trennung zwischen Wohnung und Arbeitsplatz. Das hatte zur Folge, daß traditionelle Haushaltsstrukturen, in denen Lehrlinge und Gesellen schon beinahe als Familienmitglieder galten, zerstört wurden. In Deutschland stellten Sozialkritiker fest, daß Hausfrauen der Mittelschicht ohne den Zwang, die Arbeiter ihres Mannes beaufsichtigen zu müssen, der Lesewut verfielen und Stunden damit vergeudeten, es sich mit Stapeln von Liebesromanen auf dem Sofa gemütlich zu machen.

Andererseits bereicherte der Müßiggang das häusliche Leben auch: Es fanden Musikabende statt, man las Bücher und pflegte Hobbys, die der Verschönerung des Heims durch Handarbeiten oder Nippes dienten. Das deutsche Weihnachtsfest – Personen wie Prinz Albert, der deutsche Gemahl Königin Viktorias, und Charles Dickens trugen übrigens dazu bei, es auch in Großbritannien populär zu machen – entwickelte sich zum Inbegriff dieses Kultes des Familienlebens. An Geburtstagen, in katholischen Ländern zudem an Namenstagen, gab es ebenfalls üppige Mahlzeiten und Geschenke, vor allem für die Kinder.

Scheiden tut weh

Oft zerbrachen Ehen einfacher Leute, wenn schlechte Zeiten hereinbrachen und die Männer plötzlich gezwungen waren, sich an weiter entfernten Orten nach einem Arbeitsplatz umzuschauen. Einige kehrten nie wieder nach Hause zurück. Vielen Menschen aus den unteren Schichten waren selbst die Portokosten zu hoch, und das hielt die Familien davon ab, wenigstens brieflich miteinander Kontakt zu halten.

In den bessergestellten Kreisen kam es hingegen nur selten zum vollständigen Scheitern einer Ehe. Es kostete viel Geld und dauerte lange, bis man eine offizielle Scheidung erwirkt hatte; nebeneinanderzuleben, wenn auch unglücklich, brachte nicht soviel Aufwand mit sich. Am häufigsten wurden in Großbritannien Mitglieder der Streitkräfte und Kolonialbeamte geschieden, bei denen Einsätze in Übersee oft zu längeren Trennungen von der Gattin und zu Liebeleien mit anderen Frauen führten.

Für den Mann brachte die Scheidung nicht nur praktische Probleme beispielsweise bei der Haushaltsführung mit sich, sondern auch das Risiko, daß sein Ruf in der Öffentlichkeit beträchtlichen Schaden nahm. Auch eine Frau hatte gute Gründe, ihre Ehe – wenn auch nur als äußere Fassade – aufrechtzuerhalten. Auf sich selbst gestellt, gelang es ihr kaum, finanziell unabhängig zu werden. Denn nur in den seltensten Fällen verfügte sie über Fähigkeiten oder Qualifikationen, die auf dem Markt etwas galten und ein ordentliches Einkommen sicherten. Da das Sorgerecht für die Kinder fast immer dem Vater zugesprochen wurde, verlor sie auch diese. Wurde sie von ihrem Mann offensichtlich und dauerhaft schlecht behandelt, fand sie unter Umständen bei einem barmherzigen männlichen Verwandten Aufnahme. Im allgemeinen duldeten die Rechtssysteme der meisten Länder stillschweigend die Untreue von Männern, während Ehebruch, den Frauen begingen, fast unweigerlich die Scheidung und eine völlige gesellschaftliche Ächtung nach sich zog.

Trauriges Witwerdasein

Manche Frauen starben noch relativ jung, da sie bedingt durch die Geburten einem höheren Risiko ausgesetzt waren als Männer. Der Tod einer Ehegattin und Mutter – im Kindbett, durch Unfall oder Krankheit – hatte fast immer die Zersplitterung der Familie zur Folge. In festgefügten Gemeinden freilich konnte der Witwer sich an eine Verwandte wenden, die ihm bei den Hausarbeiten und der Kinderbetreuung half. Normalerweise aber kamen die Söhne und Töchter als Pflegekinder zu Verwandten, und der Mann suchte sich notgedrungen ein Quartier oder zog umher. Im späten 19. Jh. nahmen viele jüngere Frauen, vor allem wenn ihr Lebensstandard im Aufschwung begriffen war, nur ungern ältere männliche Verwandte auf. Denn deren Manieren, Sprache, Kleidung oder Vorliebe fürs Trinken, Schnupfen oder Spielen verrieten ihre einfache Herkunft und setzten unter Umständen den schwer erkämpften Anspruch auf das Ansehen einer Familie aufs Spiel.

Der Umgang mit älteren Frauen gestaltete sich meist nicht so schwierig. Und so mußten Witwen am Lebensabend mit weniger Problemen kämpfen als alleinstehende Männer. In den ärmsten Schichten hatten die Frauen darüber hinaus den Vorteil, daß sie durch ihre hausfraulichen Fähigkeiten selbständiger waren und einen gewissen Marktwert als Köchin, Krankenpflegerin oder Kinderfrau besaßen; natürlich vorausgesetzt, daß sie noch rüstig waren. Ein ausgelaugter Arbeiter, dem allmählich die Kräfte versagten, hatte dagegen kaum mehr etwas zu bieten.

Ein Schweizer Gemälde zeigt eine Frau, die Kinder aus einem armen Viertel von Bern betreut. So war es deren Müttern möglich, außer Haus zu arbeiten.

Kindheit und Erziehung

Bessere Ernährung und intensivere Hygiene trugen im Lauf der industriellen Revolution dazu bei, daß die Lebenserwartung stieg und zugleich die Kindersterblichkeit zurückging. Aber nur die Söhne und Töchter der Wohlhabenden konnten ihre Kindheit genießen, die der Armen mußten hart arbeiten.

Wie kaum ein anderer Schriftsteller trug Charles Dickens zur Idealisierung der Freuden von Heim und Herd bei und drückte Mitleid mit den vielen Kindern seiner Zeit aus, die ohne sichere familiäre Verhältnisse geboren wurden. So unterstützte er eifrig das Londoner Findlingshospital, das nur ein paar hundert Meter von seinem ersten ehelichen Heim in der Doughty Street in Bloomsbury entfernt lag. Und dennoch äußerte er sich 1852 alles andere als begeistert zur Geburt seines neunten lebenden Kindes Edward: „Eigentlich hätte ich auf ihn verzichten können."

Etwa 100 Jahre zuvor brachte der Schweizer Jean-Jacques Rousseau die neuartige Auffassung auf, Kinder seien von Natur aus tugendsam und sollten vorsichtig dazu angeregt werden, ihr volles Po-

Ein Baby kommt zur Welt, umgeben vom häuslichen Komfort der französischen Mittelklasse (rechts). Für die Straßenkinder in London hatte die Kindheit ein ganz anderes Gesicht. Bis zu 20 000 obdachlose Kinder schlugen sich um 1850 auf den Straßen der britischen Hauptstadt durch (unten).

Heime für Findelkinder

Gerade in Großstädten arbeiteten Scharen von Alleinstehenden als Dienstboten, Lehrlinge oder etwa Soldaten. Deren sexuelle Aktivität führte jedoch unweigerlich zu ungewollten Kindern. So wurden 1833 allein in Frankreich 128 000 Neugeborene von ihren Eltern im Stich gelassen. Insgesamt lag dort der Anteil der unehelichen Kinder jährlich bei 20–30%, in Paris sogar bei 30–40%. Wenn die Babys im Pariser *Maison de la Couche* – dem Entbindungsheim – Aufnahme fanden, hatten sie düstere Zukunftsaussichten. Durchschnittlich die Hälfte von ihnen starb innerhalb von drei Monaten und ein weiteres Fünftel vor dem ersten Geburtstag. In einigen italienischen Waisenhäusern bewegte sich die Sterblichkeitsrate sogar um die 90%. Noch 1858 wurde in einem Bericht an die Regierung des Staates Massachusetts über dessen „öffentliche wohltätige Einrichtungen" geschätzt, daß „wahrscheinlich höchstens 3% der Waisenkinder, die bei Einlieferung in die Armenhäuser unter einem Jahr alt sind, am Leben bleiben".

Bemühungen um die Einrichtung eines Findlingsheims in London stießen zunächst auf Widerstand, und zwar mit der Begründung, ein Waisenhaus fördere die Unmoral. Schließlich aber wurde 1739 in einer königlichen Urkunde die Errichtung eines „Hospitals für die Betreuung und Erziehung ausgesetzter und verlassener Kleinkinder" genehmigt. Zu den Förderern gehörten auch die Maler William Hogarth (1697–1764) und Joshua Reynolds (1723–1792) sowie der Komponist Georg Friedrich Händel (1685–1759), die sich alle um die Beschaffung von Geldern bemühten. Zugang zu der Einrichtung erhielt ausschließlich das erstgeborene Kind einer unverheirateten Mutter von vormals gutem Charakter. Und obwohl kränklichen Babys die Aufnahme verweigert wurde, starb ein Drittel der Kinder im ersten Lebensjahr. Deshalb bürgerte es sich ein, die Heiminsassen bis zum Alter von fünf Jahren zu Pflegeeltern aufs Land zu schicken, dann kehrten sie zur Ausbildung in die Hauptstadt zurück.

Französische Nonnen (oben) sorgen für Kleinkinder, die auf der Treppe ihres Klosters ausgesetzt wurden. „Gefallene Frauen" (links), die mit ihren Sprößlingen auf die Straße gesetzt wurden, waren oftmals zur Prostitution gezwungen.

Waisenkindern (unten links) wurde von Schornsteinfegern beigebracht, in Schornsteine zu klettern und den Ruß hinauszufegen. Im Gegensatz dazu sehr gut und reinlichst gekleidet sind die Kinder (unten rechts), die mit ihren Eltern in der Öffentlichkeit spazierengehen.

Eine Mutter mit ihrem nackten Säugling (ganz links) in einem Elendsquartier in der schottischen Stadt Glasgow. Links: Eine bretonische Amme mit Kind im Jahr 1899. Das Baby hat man für das Foto herausgeputzt und in kostbare Kleider gehüllt.

tential zu erkennen. Die angelsächsische Welt jedoch neigte noch immer zu der konservativen Einstellung, daß ein sparsamer Gebrauch des Stockes die Kinder verwöhne.

Vielerorts wurden Jungen – wie schon seit Jahrhunderten – den Mädchen vorgezogen. Hebammen und Priester in ganz Europa wußten, daß Väter alle anfallenden Unkosten für die Geburt eines Jungen freudigen Herzens, für ein Mädchen aber widerwillig trugen. In Frankreich gratulierte sogar der Bürgermeister, wenn ein männlicher Nachkomme für das Geburtsregister gemeldet wurde, denn das bedeutete einen neuen Soldaten *pour la patrie* (für das Vaterland).

Solche uralten Vorurteile blieben zwar erhalten, doch es gab auch Veränderungen. Die Eltern kümmerten sich nun intensiver um die Erziehung ihrer Kinder und verzichteten zunehmend auf die Dienste von Ammen. Um 1780 wurden 80% aller in Paris geborenen Kinder zu einer Amme aufs Land gebracht. Rund 90 Jahre später beschränkte sich diese Sitte nur noch auf die untere Mittelschicht, in der die Frauen oft im Familienunternehmen mitarbeiten mußten. Arme Mütter verwendeten ab dem frühen 19. Jh. zunächst Babyflaschen, die aus Kuh- oder Ziegeneutern angefertigt waren und in Kalklösung gekocht wurden. Keramikflaschen kamen etwa um 1870 in Gebrauch.

Noch in den 90er Jahren des 19. Jh. wickelten Mütter in Frankreich, Italien und Deutschland ihre Babys straff, da dadurch angeblich deren Gliedmaßen gerade wachsen sollten. Während man auf dem Kontinent eher davon absah, die Kinder häufig zu waschen, glaubten die Briten an die segensreiche Wirkung von Bädern in kaltem Wasser oder im Meer schon von klein auf.

KINDERARBEIT

Für den Nachwuchs der Arbeiterschicht war die Kindheit meist im Alter von acht oder zehn Jahren vorbei. Wenn auch die Gesetzgebung vieler Länder die Vollzeitbeschäftigung von Kindern in Bergwerken oder Fabriken ab der Mitte des 19. Jh. verbot, konnte sie kaum etwas gegen deren Einsatz auf dem Land ausrichten, wo selbst die Kleinsten schon Krähen verscheuchen oder Steine sammeln mußten. Joseph Arch, der Gründer der ersten erfolgreichen Gewerkschaft der Landarbeiter in Großbritan-

ÜBERLEBENSRATEN

Im Jahr 1760 erlebten nur 78 von 100 Neugeborenen in Schweden ihren ersten Geburtstag, 66 erreichten ihren fünften Geburtstag und 57 den 20. Diese Statistik war typisch für eine von der Industrialisierung unberührte Gesellschaft. Etwa 225 Jahre später gelangten 78 Kinder bis zum 68. Lebensjahr, 66 bis zum 74., und 57 feierten sogar ihren 77. Geburtstag.

In Deutschland stieg die Bevölkerungszahl von rund 25 Mio. im Jahr 1816 auf annähernd 65 Mio. bis um das Jahr 1910. Zwar sank die Geburtenzahl in dem Zeitraum, und mehrere Millionen Deutsche wanderten aus, aber in noch stärkerem Maß ging die Sterblichkeit zurück, u.a. bedingt durch Fortschritte in der Medizin.

Am Tresen eines sehr gut besuchten Lokals bringt eine erschöpfte Frau ihren Säugling vor den Augen anderer Gäste mit Hilfe von Gin zum Einschlafen. Auch opiumhaltige „Medikamente" wurden oft als Beruhigungsmittel für kleine Kinder verwendet.

nien, wußte aus eigener unangenehmer Erfahrung, daß die Arbeit auf einem Bauernhof für einen jungen Burschen alles andere als idyllisch war: „Kam (ein Junge) aus dem Alter heraus, in dem er Vögel verjagte, mußte er sich die rauhe Behandlung des Fuhrmanns und des Pflügers gefallen lassen. Sie traktierten ihn zügellos mit Worten, Peitschen und Stiefeln. So kann man ohne Übertreibung sagen, daß das Leben eines Jungen auf dem Bauernhof kein bißchen besser war als das eines Negerjungen auf einer Plantage."

In den Vereinigten Staaten ergab sich aus einer Erhebung von 1900, daß etwa 700 000 Kinder zwischen 10 und 15 Jahren außerhalb der Landwirtschaft in einem Arbeitsverhältnis standen. Einige blieben von der Öffentlichkeit unbemerkt – in den Bergwerken Pennsylvanias, in Glasfabriken des Mittleren Westens oder in Baumwollspinnereien in Carolina –, Tausende aber arbeiteten auf den Straßen der Städte als Botenjungen oder in Läden.

Erziehung – ein altes Problem

Kinder aus Familien der Mittelschicht erfreuten sich mit Fortschreiten des 19. Jh. einer längeren und behüteteren Kindheit. Eltern zermarterten sich den Kopf darüber, wieviel Nachsicht und wieviel Strenge ihr Nachwuchs bräuchte, als eine neue Gattung sogenannter Experten auftauchte und ihre Meinung über das richtige Maß von beidem kundtat. *Domestic Education* (Häusliche Erziehung), ein 1840 von Herman Humphrey vom Amherst College in Massachusetts veröffentlichtes Handbuch, vertrat den kompromißlosen Standpunkt, daß „es in der Familie als Organisation ein für allemal nur ein Vorbild gibt ... Jeder Vater ist das verfassungsmäßige Oberhaupt und der Herrscher seines Haushalts. Gott hat ihn zum obersten irdischen Gesetzgeber über seine Kinder gemacht." *The Mother's Book* (Das Buch der Mutter), das 1831 in Boston von der produktiven Schriftstellerin Lydia Maria Child veröffentlicht wurde, predigte die Notwendigkeit, den Charakter eines Kindes durch gute Bei-

In diesem Betrieb in New York um 1880 arbeitet neben den Männern auch ein kleiner Junge.

ZEITZEUGNIS

Jugendbanden verbreiten Terror in London

Die meisten englischen Städte verfügten über Arbeitshäuser mit „Asylen für Obdachlose". Doch diese wurden auch zu geeigneten Zufluchtsorten und Zwischenstationen für die vielen jugendlichen Räuberbanden, denen 1848 schätzungsweise 16000 Personen angehörten. Ein erfahrener Beamter für Armenrecht im Süden Londons berichtete über ihren Charakter und ihre Lebensweise:

„Das Alter der meisten betrug 17 Jahre ... (Sie) hatten oftmals von ihren Eltern oder Meistern Reißaus genommen ... (und) waren zumeist schlau und gerissen ... Diese Burschen zeichnen sich vor allem durch ihre Abneigung gegen jede regelmäßige Arbeit aus ... Sie sind körperlich robuste, gesunde Burschen, keineswegs ausgezehrt oder kränklich ... In London leben sie zum Teil davon, daß sie Pferde halten und Pakete von den Dampferanlegestellen und Bahnhöfen transportieren. Einige lungern in der Hoffnung auf eine Arbeit auf den Märkten herum, andere sieht man auf der Straße Knochen und Lumpen sammeln, oder sie suchen am Ufer nach Altmetall und anderem, was sich verkaufen läßt ... Fast alle haben schon mehr als einmal im Gefängnis eine Strafe abgesessen ... Sie sind die unehrlichsten Diebe, denn sie achten nicht einmal das Eigentum der Angehörigen ihres eigenen Standes. Sie sind sehr störrisch und eigenwillig ... Besonders gern amüsieren sie sich ... Bisweilen vertreiben sie sich mit dem Singen witziger Lieder die Zeit, vor allem über das Arbeitshaus und Gefängnisse ... Sie sind so perfekt organisiert, daß jede Vorschrift, die ihre Bequemlichkeit oder Interessen betrifft, sich in bemerkenswert kurzer Zeit bei allen herumspricht ... (Die Burschen) stellen eines der unruhigsten, unzufriedensten, lasterhaftesten und gefährlichsten Elemente der Gesellschaft dar."

Kinder arbeiteten oft auf der Straße, wie z. B. die hier abgebildete Tuchverkäuferin in der Petticoat Lane in London (rechts). Britische Schulmädchen lernen 1908 mit der Hand und der Maschine nähen (ganz rechts).

spiele zu formen. „Allein die Tatsache, daß Ihr Kind Sie nie wütend erlebt, daß Ihre Stimme immer sanft und Ihr Gesichtsausdruck stets freundlich sind, hat tausendmal mehr Wert als alle Regeln, die Sie ihm vermitteln; z. B. daß es seinen Hund nicht schlagen, den Bruder nicht kneifen soll usw." Doch auch die Autorin wußte, daß irgendwann einmal Schluß war. Ihre goldene Regel lautete: „Bestrafe Dein Kind immer, wenn es wissentlich selbst in ganz kleinen Dingen ungehorsam ist, doch strafe es nie im Zorn."

Familienplanung

Geburtenkontrolle oder ihr Fehlen wirkte sich natürlich auf das Familienleben aus. Schon seit Jahrhunderten kannte man verschiedene Techniken, Schwangerschaften zu verhindern, und wandte sie an. Althergebrachte Tabus und die Haltung der Kirche erschwerten allerdings die Weitergabe dieses Wissens ernsthaft. Nach der Geburt eines Kindes erst sehr spät abzustillen galt als eine bewährte Methode, die meist auch funktionierte, weil die Pro-

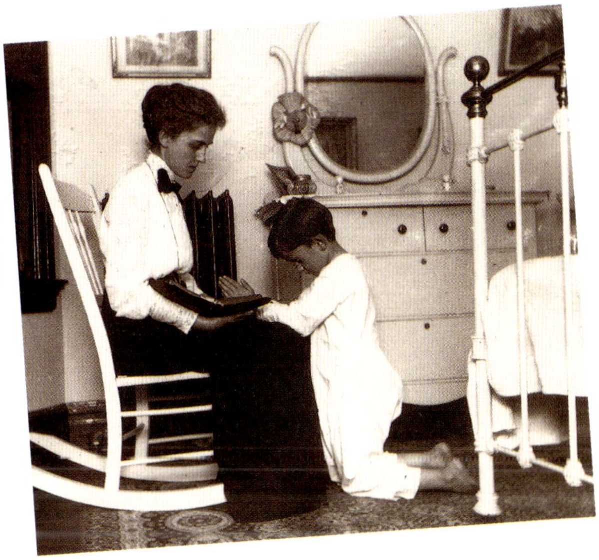

Eine junge britische Frau hört mit ernstem Gesichtsausdruck dem Abendgebet ihres Sohnes zu, der dabei zu ihren Füßen kniet.

duktion von Muttermilch die Fruchtbarkeit vermindert, besonders bei unterernährten Frauen. Seit dem 17. Jh. konnte man auch schon kondomähnliche Hüllen aus Fisch- oder Tierhäuten kaufen, die allerdings vor allem dem Schutz gegen Geschlechtskrankheiten dienten.

Die meisten Paare blieben zur Empfängnisverhütung entweder schlichtweg abstinent oder praktizierten den *Coitus interruptus*, brachen also den Geschlechtsverkehr kurz vor dem Samenerguß ab. Viele französische Frauen unternahmen drastischere und zuverlässigere Schritte: Sie ließen sich die Eierstöcke entfernen, nachdem Fortschritte in der aseptischen Chirurgie die Gefahren eines solchen Eingriffes stark reduziert hatten.

Zahlen über Kindstötung und Abtreibung sind schwierig zu ermitteln, denn die meisten Fälle wurden geheimgehalten. In Frankreich etwa trieb man um 1900 schätzungsweise zwischen 100000 und 400000 Kinder ab. Die Gründe für eine Abtreibung änderten sich im Lauf der Zeit. Während zu Anfang des 19. Jh. meistens alleinstehende Frauen oder Witwen abtreiben ließen, denen Entehrung drohte, bestand die Klientel rund 100 Jahre später vorwiegend aus verheirateten Frauen, welche die Größe ihrer Familie beschränken wollten. In Berlin beispielsweise hatten um 1910 rund 40% der Arbeiterfrauen eine oder sogar mehrere Abtreibungen hinter sich.

Erst ab etwa 1880 waren zuverlässige Gummikondome allgemein erhältlich. Zunächst konnten nur die Personen welche erwerben, die sich die Kosten für eine private medizinische Beratung zuvor leisten konnten. Doch nach einem weiteren Jahrzehnt hatten sich bereits Verkaufsdienste per Post etabliert. Die protestantische und katholische Geistlichkeit befürchteten, daß eine folgenlose Leidenschaft zu einer Flutwelle sexueller Ausschweifungen führen könne. Dennoch verkündete der Leiter des zentralen britischen Standesamtes im Jahr 1908 einen Geburtenrückgang, den er allerdings zu rund 80% der Schwangerschaftsverhütung zuschrieb.

Kleine Familien erhöhten die Chancen verheirateter Frauen, ein hohes Alter zu erreichen, denn es starben mehr von ihnen bei Geburten als an Krankheiten wie Cholera oder Tuberkulose. Nach der Hochzeit durchlebten Millionen Frauen innerhalb von zehn Jahren sechs bis sieben Schwangerschaften, die stark an ihrer Gesundheit zehrten.

Dieses dänische Gemälde von 1879 zeigt, wie der kleine Sarg eines Kindes auf seiner letzten Reise von einer Insel zum Friedhof auf dem Festland gerudert wird.

Die eigenen vier Wände

Zur Zeit der industriellen Revolution wuchs die Bevölkerung rasch an, wodurch in den Städten der Wohnraum zusehends knapp wurde. Und während Eintönigkeit den Speisezettel der ärmeren Schichten bestimmte, profitierten die wohlhabenden Kreise von der Einführung neuer Lebensmittel.

Noch im Jahr 1900 lebten beinahe 60% der Bevölkerung Europas in Gemeinden mit höchstens 5000 Einwohnern. Doch es war bereits eine Abwanderung vom Dorf in die Stadt im Gange. Ein Jahrhundert zuvor hatte der Anteil der Landbevölkerung noch bei mehr als 85% gelegen.

Um 1870 stellte ein eingeschossiges Gebäude aus leicht verfügbaren Baustoffen die typische Behausung armer Landbewohner in Europa dar. In waldreichen Gegenden bestanden die Häuser meistens aus Holz und hatten ein Dach aus Holzschindeln; in den Bergen verwendete man Stein als Baumaterial, in warmen Tieflandgebieten sonnengetrocknete Ziegel und ofengebrannte Dachpfannen; in kühleren Gegenden kamen Holzlatten mit Flechtwerk, das mit Schlamm und Dung verschmiert war, zum Einsatz, und das Dach wurde mit Stroh oder Schilf gedeckt.

Eine Berliner Familie arbeitet, kocht und schläft im selben Raum (oben). Der Webstuhl beherrscht die Wohnung eines französischen Seidenwebers (unten).

Auf den Stufen eines Klosters in Rom wird kostenlos Suppe an arme Italiener ausgeteilt.

Der Fußboden bestand fast immer aus gestampftem Lehm, der im Sommer staubig und im Winter glitschig war. Geheizt wurde mit einem offenen Feuer, das auch als Kochstelle und abends in der Regel als einzige Lichtquelle diente. Weil Fleisch teuer war – abgesehen vom Fleisch der Schweine und Ziegen, die man mit Küchenabfällen mästen konnte –, gehörten Gemüsebrei und Eintopf zu den gebräuchlichsten warmen Mahlzeiten. Fensterglas galt als seltener Luxus, statt dessen benutzte man hölzerne Fensterläden. Es gab weder fließendes Wasser noch künstliche Beleuchtung, nur Wachskerzen und Talglichter, die aber für einen regelmäßigen Gebrauch zu kostspielig waren. Als abgetrennte Schlafgelegenheit, wenn überhaupt vorhanden, diente ein Heuhaufen oder ein Strohsack unter dem Dach. Zu dem spärlichen, meist selbstgefertigten Mobiliar zählten Hocker und Bänke zum Sitzen, Truhen sowie primitive Regale zum Aufbewahren von Gegenständen.

Vom Stadtleben verwöhnte französische Forscher, die sich mit dem Wohnen auf dem Land um 1840 befaßten, berichteten über elende Zustände wie im Mittelalter: „Die Champagne und Picardie, … das Limousin, die Bretagne und ähnliche Regionen muß man gesehen haben … Man findet dort

ZEITZEUGNIS

Wie Karl Marx im Exil hauste

Im Jahr 1851 berichtete ein preußischer Agent entsetzt über die Behausung des deutschen Exilanten M., der im Londoner Stadtteil Soho in der Dean Street mit seiner Frau, seinen drei Kindern und einem Dienstmädchen zwei Räume bewohnte. M. – das war der politische Denker Karl Marx (1818–1883).

„M. lebt in einem der schlimmsten, deshalb auch einem der billigsten Viertel von London … Das Zimmer zur Straße ist das Wohnzimmer, und der Schlafraum geht nach hinten. In der Wohnung gibt es kein einziges sauberes und solides Möbelstück. Ein Trödler würde sich schämen, eine so beachtliche Ansammlung von Krimskrams zu verkaufen. Wenn man eintritt … lassen Rauch und Tabaksqualm die Augen so stark tränen, daß man sich in einer Höhle entlangzutasten scheint … Alles ist schmutzig und staubbedeckt, und wenn man sich setzen will, ist das recht gefährlich. Da steht ein Stuhl mit drei Beinen, auf einem anderen spielen die Kinder Kochen … Dieser wird den Besuchern angeboten, doch die Reste vom Spiel der Kleinen sind nicht weggewischt, und wenn man sich setzt, kann die Hose leiden.“

Bevölkerungsexplosion

In der industrialisierten Welt wuchs die Bevölkerung trotz Schwangerschaftsverhütung schneller als je zuvor.

Die meisten britischen Beobachter im 18. Jh. hielten es für selbstverständlich, daß das Wirtschaftswachstum mit einer sprunghaften Zunahme der Bevölkerung einherging. Der Landwirtschaftsexperte Arthur Young sagte 1770: „Die Beschäftigung bringt die Bevölkerung hervor ... Entsprechend der Beschäftigungslage werden Ehen früh und zahlreich geschlossen ...“

Die Bevölkerungszunahme beschränkte sich jedoch nicht auf Großbritannien, dessen Wirtschaft im 18. Jh. einen ungeheuren Aufschwung erfuhr. Zwischen 1751 und 1801 wuchs die Bevölkerung in England durchschnittlich um 0,8% im Jahr, etwa zweimal so schnell wie in Frankreich oder Italien – aber langsamer als im verhältnismäßig „rückständigen“ Ostpreußen und Böhmen.

Eine Erklärung für das schnelle Wachstum der Bevölkerung lag nicht immer auf der Hand. Zwischen 1750 und 1850 erzielte die Medizin zwar Fortschritte, doch abgesehen von der Bekämpfung der Pocken durch die Schutzimpfung hatten Ärzte und Krankenhäuser keinen großen Einfluß auf das Leben der Armen. Und Entbindungsheime verringerten einerseits die Zahl der Totgeburten bei den wohlhabenderen Stadtbewohnern, weil sie über bessere Möglichkeiten verfügten als eine Dorfhebamme. Andererseits waren die Frauen jedoch einem erhöhten Risiko des Kindbettfiebers ausgesetzt, das in der Regel tödlich verlief. Erst in der Mitte des 19. Jh. stellte sich heraus, daß die Ärzte selbst eine große Gefahrenquelle waren, weil sie vom Sezieren einer Leiche zur Untersuchung von Pa-

Suppenküchen in Paris: In schlechten Zeiten gerieten Arbeitslose an den Rand des Ruins.

Um 1890 waren Konserven, etwa Erbsen der französischen Firma Gontier Frères, allgemein erhältlich (oben). Ein englisches Lebensmittelgeschäft präsentiert sein Angebot an Waren in den Fenstern und vor dem Laden.

Deutsche Dienstmädchen bei der Zubereitung von Kartoffeln in einer Küche der Mittelschicht um 1889. Die Kartoffel war auch ein Grundnahrungsmittel der Arbeiterschaft.

tienten übergingen, ohne sich die Hände zu waschen, geschweige denn, sie zu desinfizieren.

Mit Sicherheit trug das Wundergemüse, die Kartoffel, zum raschen Bevölkerungszuwachs in Europa bei. Sie wurde im 16. Jh. aus Südamerika eingeführt. Der Anbau verbreitete sich allmählich über die Norddeutsche Tiefebene, wo die Bauern sie als Nahrungsreserve für den Notfall schätzten. Darüber hinaus benötigte man keine komplizierten Geräte, um Kartoffeln anzubauen. Sie hielten sich auch in nährstoffarmen Böden und gediehen auf kleinen Landstücken, auf denen sich der Anbau von Getreide nicht lohnte. Zudem lieferte die Kartoffel viermal soviel Nährwert wie Weizen. Der Mais, auch ein Import aus der Neuen Welt, ist ebenso nahrhaft.

Diese beiden Feldfrüchte wurden zu einem Grundnahrungsmittel für die Armen in Europa. Und ein jeder junge Mann, der genug Land für ihren Anbau besaß, konnte eine Eheschließung in Betracht ziehen. Weil er früher heiratete, hatte seine junge Frau eine längere Zeit der Gebärfähigkeit vor sich. Vor allem waren die Kinder besser ernährt und hatten eine größere Chance, das Erwachsenenalter zu erreichen.

In der zweiten Hälfte des 19. Jh. ging die Sterblichkeit aufgrund einer verstärkten öffentlichen Hygiene zurück. Es kam zu einer brauchbaren Kanalisation, und die verbesserte Versorgung mit Trinkwasser verringerte den Ausbruch von Seuchen wie Typhus, Cholera, Ruhr und anderen, die durch verunreinigtes Wasser übertragen werden. Gleichzeitig führten sogenannte Musterwohnungen, später auch isoliert in ländlichen Gebieten errichtete Hospitäler für ansteckende Krankheiten zu einem Rückgang der Tuberkulose.

Grippekranke in Paris (oben). Billige Karbolseife verbesserte die Körperhygiene (links). Arbeiter in einer amerikanischen Fabrik machen Nahrungsmittel zum Verpacken fertig (unten).

Amerikanische Holzhäuser wurden aus massengefertigtem Bauholz nach genormten Musterbüchern von den Baufirmen errichtet und zu „individuellen" Wohnhäusern gestaltet.

Räume, die einer ganzen Familie als Küche, Eß- und Schlafzimmer dienen … aber auch als Keller und Speicher, mitunter sogar als Stall und Scheune. In einem solchen Raum bereiten die Menschen ihr Essen zu, legen ihre feuchte, verschwitzte Kleidung ab, trocknen Käse und lassen ihn reifen, auch lagern sie dort Pökelfleisch und hängen es auf."

Noch am Ende des 19. Jh. lebten in Rußland und den Balkanländern, in den ärmeren Gegenden Italiens und der Iberischen Halbinsel sowie in Irland Millionen von Menschen in solch armseligen Verhältnissen. Doch in anderen Teilen Europas und in Nordamerika hatten die meisten Landbewohner schon damals Holz- oder Fliesenböden, Glasfenster, Wasserpumpen und eine Art Öl- oder Kerosinlampen. In Nordeuropa, das kühler war als der übrige Kontinent, besaßen die Menschen auch Eisenöfen oder -herde, Flickenteppiche auf dem Boden, Polstermöbel, Bettgestelle aus Eisen oder Messing, oft sogar einen Spiegel, eine Uhr, eine verzinkte Badewanne und eine eiserne Mangel mit Holzwalzen. Wer es sich leisten konnte, tapezierte die Zimmerwände und hängte billige Stiche mit häufig patriotischen oder religiösen Motiven auf.

Zu Hause in der Stadt

In den vorindustriellen Städten wohnten die Ärmsten der Armen in primitiven Hütten, Elendsquartieren aus zusammengeklaubten Resten, die auf kleinen Flecken unbebauten Landes, unter Brücken oder an Stadtmauern standen. Die Bewohner, die nicht ganz so mittellos waren, pferchte man oft in Häusern zusammen, die ursprünglich für Wohlhabendere erbaut, später aber aufgeteilt wurden, um so die Zimmer einzeln als „Wohnung" oder Werkstatt vermieten zu können.

Dienstboten und Lehrlinge bildeten hier eine Ausnahme: Sie wohnten im Haushalt des Herrn oder Meisters, aber die jungen Burschen mußten ihr Lager oft auf dem Küchenboden oder in einem

Mit dem Bau von Reihenhäusern, wie hier im britischen Birmingham, konnte man Baumaterial einsparen (links unten). Ein englischer Bauprojektleiter und ein Arbeiter stellen die Festigkeit eines neuen Zementes unter Beweis und posieren dabei für die Nachwelt.

Stall im Hof aufschlagen. Im Alter fanden die „ehrbaren“ Armen in katholischen Gegenden häufig Zuflucht in kirchlichen Einrichtungen, und in protestantischen Gebieten gab es Spitäler, die von wohltätigen Stiftungen reicher Kaufleute oder städtischer Gilden finanziert wurden. Dies waren die einzigen leidlich gut ausgestatteten Häuser für die Armen – wenn auch nur für einen sehr kleinen, privilegierten Teil von ihnen.

Die Industrialisierung und die Zunahme der Stadtbevölkerung brachten für die Armen eine beispiellose Wohnungsnot mit sich. Darauf erfolgten dreierlei Reaktionen: Zum einen wurden vorhandene Gebäude weiter unterteilt, vor allem durch Einrichtung von Wohnräumen auf Dachböden und in Kellern; zum andern ließen Spekulanten Häuser errichten, deren Bauweise zumeist nur dem niedrigsten Standard entsprach; und schließlich stellten wohltätige Einzelpersonen oder Organisationen, später vor allem Stadtverwaltungen, erste „Sozialwohnungen“ zur Verfügung.

Die Häuser der Mittelschicht spiegelten die Werte und Ziele ihrer Bewohner wider: Bequemlichkeit, Gesundheit, Abgeschlossenheit und Ansehen. Ungelernte Arbeiter logierten, wo sie konnten. Facharbeiter waren meist noch an Stadtteile gebunden, von denen aus sie zu Fuß zur Arbeit gehen konnten. Folglich beeinträchtigten in deren Wohngebieten Rauch und Lärm der Fabriken die Lebensqualität. Erst als die Eisenbahn billige Tarife für Arbeiter gewährte, um 1870 die Straßenbahn aufkam und in den 80er Jahren des 19. Jh. das Sicherheitsfahrrad – das heute übliche Niederrad, das das Hochrad ersetzte – entwickelt wurde, konnten sie in größerer Entfernung zum Arbeitsplatz wohnen.

Bewohner von Paris stehen an, um Fleisch zu erwerben (oben). Straßenbahnen (rechts) machten weitere Entfernungen zum Arbeitsplatz überwindbar.

Wegen der verstärkten Nachfrage nach städtischem Wohnraum zogen Bauspekulanten einfache Häuschen bzw. Mietskasernen außerhalb der Stadtgrenzen oder auf Ödlandgrundstücken hoch. Andere zwängten Häuser zwischen oder hinter die Gebäude der Reichen, die potentiell an den Dienstleistungen der Arbeiter interessiert sein konnten.

Goldene Zeiten für Mietwucher

Besonders schlimme Wohnverhältnisse fand man in den Großstädten Amerikas vor, die wie Pilze aus dem Boden schossen; insbesondere in Cleveland, St. Louis, Boston und Chicago, wo sich in einzeln stehenden Holzhäusern, die für eine Familie gedacht waren, fünf oder sechs Familien drängten und in die Hinterhöfe zusätzliche Barackenreihen ge-

DAS „BISSCHEN HAUSHALT“

Die Technik verhieß der amerikanischen Hausfrau eine Erleichterung ihrer Pflichten – gleichzeitig wuchs aber ihr Aufgabengebiet.

Die Verpflichtung gegenüber dem Ideal der Gleichheit und verhältnismäßig hohe Lohnkosten führten dazu, daß in Amerika weniger Hausfrauen als in Europa ihre Arbeit Dienstboten übertrugen. Ein Mädchen, das aus Norwegen eingewandert war, schrieb beispielsweise verwundert seinen Eltern, daß „hier die Hausfrau alle Arbeiten erledigen muß, die zu Hause in einer Familie der besseren Schicht Sache der Köchin, des Dienstmädchens und der Haushälterin sind“.

Kein Wunder also, daß die Nachfrage nach Geräten zur Erleichterung der Hausarbeit stetig stieg. Im Verlauf des 19. Jh. kurbelte sie die amerikanische Wirt-

Der Erfinder William T. James ließ 1823 seinen Kochherd patentieren, der auch zum Beheizen der Küche genutzt wurde (oben).

Kochbücher wie dieses von 1858 gaben Ratschläge zum Räuchern, Einlegen und Einmachen (links). Sonntags herrschte Ruhe. Die Familie aus Neu-England nutzt die Zeit zum Lesen in der Bibel (unten).

schaft zwar kräftig an, paradoxerweise aber fanden die Hausfrauen selten, daß ihnen bedingt durch die neuen Haushaltsgeräte mehr Zeit zur Verfügung stand.

Als die Vereinigten Staaten die Unabhängigkeit erlangten, lebte die Mehrheit der weißen Amerikaner noch in kleinen ländlichen oder halbländlichen Siedlungen. Zu den Aufgaben der Männer gehörte es, Brennholz zu hacken und Wasser aus einem Fluß, einer Quelle oder einem Brunnen zu holen. Auch das Schlachten von Vieh sowie das Schälen und Mahlen von Mais waren Männersache. Ein Jahrhundert später hatten sich die meisten Haushalte in der Stadt, aber auch in der Prärie, wo es kaum Holz gab, von offenen Feuerstellen auf Öfen umgestellt, die weniger Brennmaterial verbrauchten oder mit Kohle befeuert wurden. So mußten die Männer kaum mehr Holz hacken; Trinkwasser, das aus der Leitung kam oder mit Pumpen gefördert wurde, machte allmählich auch den mühsamen Gang zur nächsten natürlichen Quelle überflüssig.

In den Städten schlachtete nicht mehr jeder Haushalt, sondern man bezog z.B. einen Braten aus einer Fleischfabrik in Chicago oder vom ortsansässigen Metzger. Und Mehl aus der Mühle ersetzte selbstgemahlenes Maismehl. Dies hatte zwar eine weitere Entlastung der Männer zur Folge, die Pflichten der Hausfrauen aber nahmen nicht ab, denn nach wie vor mußten sie Feuer und Herd in Gang halten, Geschirr, Bettwäsche und Kleidung waschen, Essen kochen sowie Brot und Kuchen backen.

Während des 17. und auch des 18. Jh. arbeiteten Mann und Frau meistens auf ihrem Anwesen, und keiner erwartete eine Bezahlung dafür; ungefähr ein Jahrhundert später nahm der typische amerikanische Ehemann irgendwo eine bezahlte Arbeit an, während die Frau daheim blieb und unbezahlt die Hausarbeit erledigte.

Die steigenden Erwartungen bescherten der Hausfrau zusätzliche Mühen. Mit dem altmodischen Topf über einem offenen Feuer konnte sie nur eine Speise kochen. Der moderne Küchenherd mit Backröhren und verschiedenen Kochplatten ermöglichte es nun, gleichzeitig mehrere Gerichte zuzubereiten. Und während die Verarbeitung von grobgemahlenem Maismehl eine schnelle, einfache Angelegenheit war, mußte man Teig mit feingemahlenem Weizenmehl mühsam kneten, damit das Ergebnis zufriedenstellend ausfiel.

Wer einen Kuchen backen wollte, bereitete erst aufwendig die Zutaten vor (z.B. Zuckerhüte zermahlen) und brauchte dann viel Geduld – nach dem Motto: „Man nehme acht Eier, gebe ein Pfund Zucker hinzu und schlage das Ganze 45 Minuten lang." Die Erfindung des Schneebesens führte dazu, daß leichte Kuchen in Mode kamen, für die Eiweiß und Eigelb nicht zusammen, sondern getrennt geschlagen werden mußten, was die Arbeit verdoppelte.

Diese luxuriöse amerikanische Badewanne, gefertigt aus Porzellan und Kupfer, ist mit einem Thermometer ausgestattet.

Die Hersteller von „Fertiglebensmitteln", wie hier bereits geröstetem Kaffee, versprachen der Hausfrau in Zeitnot eine Entlastung.

Auch die Kleidung machte immer mehr Mühe. Die Siedler der Kolonialzeit trugen viel Leder, das nie gesäubert wurde. Die späteren Stadtbewohner bevorzugten jedoch Baumwollhemden und -unterwäsche, die oft zu waschen waren. Stoffe aus der Fabrik befreiten die Hausfrauen vom Spinnen und Weben, nicht aber vom Nähen. Und da die Städter darauf Wert legten, viele Kleidungsstücke zu besitzen, galt es, mehr anzufertigen.

Wenn auch die Kerzenherstellung eine Frauenarbeit war, die sich seit der Erfindung von Öl- und Gaslampen erübrigte, mußten nun aber im Gegenzug die Lampengläser von Ruß gereinigt werden. Und als es möglich wurde, Obst und Gemüse zu Hause einzumachen, versuchte man natürlich, so viele verschiedene Sorten wie möglich zu konservieren. Für die Hausfrau bedeutete auch das weiteren zusätzlichen Aufwand.

Viele Menschen schlugen sich mühsam durchs Leben, indem sie, wie diese Pariser Lumpensammler, Müll suchten, sortierten und wieder verkauften.

zwängt wurden. Äußerst krass stellte sich die Lage in New York dar. Dort lebten zwischen 1868 und 1875 etwa 500 000 Menschen – rund die Hälfte der Einwohner der Stadt – in Elendsquartieren.

Die Hauswirte mit den am stärksten überbelegten Häusern erzielten die höchsten Profite. In New York lag 1870 die Quadratmetermiete für eine kleine Wohnung im Elendsviertel um 25–35% höher als für eine große Wohnung in vornehmer Lage in der Innenstadt. Zudem wurden an Mietwohnungen für die Ärmsten der Armen, die es sich nicht leisten konnten, Beschwerden vorzubringen, nur die allernötigsten Reparaturen oder Wartungsarbeiten durchgeführt.

Die Lebensbedingungen, die französische Stadtbewohner 1830 und 1848 auf die Barrikaden trieben, werden in einem Bericht aus dem Jahr 1832 für die Stadt Lille geschildert: „Man kann sich die Behausungen unserer Arbeiterklassen nicht vorstel-

ZEITZEUGNIS

Tischlein-deck-dich in Frankreich

1871 verfaßte der britische Botschafter in Paris folgenden Bericht über die Lebensbedingungen des französischen Arbeiters:

„Die Vielfalt an Nahrungsmitteln, die ihm zur Verfügung steht, ist in der Regel beschränkter als beim Engländer. So mancher französische Fabrikarbeiter verzehrt z.B. zum Frühstück allenfalls ein großes Stück gewöhnliches saures Brot, das mit Zwiebeln eingerieben wird, damit es Geschmack annimmt. Mittags gibt es eine Suppe, Kartoffeln oder Karotten, manchmal auch ein Stückchen Schweinefleisch … und als letzte Mahlzeit ißt man das Fleisch, aus dem die Suppe gekocht wurde … Aber die Franzosen sind von jeher wegen ihrer Kochkunst berühmt. Dieses Talent zeichnet die ganze Nation aus. Auch die ärmsten Schichten besitzen es. Ein Franzose oder eine Französin kann aus den allereinfachsten … Dingen ein schmackhaftes Gericht zubereiten. Die ‚soupe', die bei jedem französischen Arbeiter auf den Tisch kommt, ist um vieles besser als das Gebräu aus heißem Wasser, Pfeffer und Bratensoße, mit dem sich auch der reichste Millionär zufriedengeben muß, wenn er in einem gewöhnlichen englischen Provinzhotel oder sogar in einem der zahlreichen Restaurants der Metropole, die sich erstklassig nennen, essen muß …

Als Folge davon kann ein französischer Arbeiter sogar recht luxuriös leben, wo ein Engländer aus der gleichen Schicht Hunger leiden müßte.

In den letzten Jahren stieg der Bierkonsum … gewaltig an. Früher war Bier in Frankreich nahezu unbekannt, inzwischen ist es im Restaurant das übliche Getränk des Pariser Mittelstandes. Die Arbeiter jedoch bleiben bei Wein, dem Getränk, das alle Schichten zu Hause zu sich nehmen … Die Franzosen haben zudem eine große Vorliebe für das alkoholische Getränk ‚Absinth', das äußerst gesundheitsschädlich ist … Diese geistigen Getränke sind nämlich nicht nur gepanscht, sondern das trockene Klima in Frankreich erlaubt es auch nicht, daß die Menschen ungestraft die Menge hochprozentigen Alkohols zu sich nehmen, die sie möglicherweise in England ohne besonders negative Auswirkung trinken könnten."

Diese Anzeige für verschiedene Produkte einer Pariser Gießerei versprach dem kunstsinnigen Kunden anspruchsvolle Eleganz.

len, wenn man sie nicht gesehen hat … In ihre dunklen, unterirdischen Höhlen und in ihre Räume im oberen Stockwerk, die man ebenfalls für Keller halten könnte, gelangt nie ein Luftzug. Die Möbel sind schimmelig, verschmiert und kaputt. Die ständig geschlossenen Fenster wurden mit geschwärztem und verrauchtem Papier verklebt, so daß auch kein Licht eindringt. Manche Hausbesitzer haben die Fenster zugenagelt, um zu verhindern, daß die Glasscheiben beim Öffnen zu Bruch gehen."

Arbeitersiedlungen in Frankreich

Im Zweiten Kaiserreich (1852–1870) unternahm man in Frankreich den Versuch, das Problem des städtischen Wohnens durch den Bau sogenannter Arbeitersiedlungen, das heißt großer Wohnblocks, in den Griff zu bekommen. Als typisches Beispiel mag eine dreigeschossige Mietskaserne in der Hafenstadt Marseille gelten. Sie hatte 150 Zimmer, die mit einem eisernen Bettgestell, einem Tisch, zwei Stühlen, einem Schrank und einem Spiegel ausgestattet waren. Eine Großküche lieferte Mahlzeiten zu annehmbaren Preisen, und regelmäßig kam ein Arzt zur kostenlosen medizinischen Versorgung der Bewohner. Und sonntags konnten sie warm baden.

Ein ähnliches Bauprojekt in Rouen umfaßte 90 Wohnungen und 15 Geschäfte; die Wohnblocks verfügten auch über Gasanschluß, Toiletten mit Spülung, eine Waschküche, ein Krankenzimmer und angesichts der ländlichen Herkunft der meisten Mieter – eine Apfelpresse.

Die gelungenste Version einer Arbeitersiedlung, englischen Vorbildern nachempfunden, fand sich in Mülhausen im Elsaß. Die Erschließungsunternehmen waren davon überzeugt, daß „es selten zu

Eine Fotografie von 1900 zeigt die Kruppsche Eisenhütte in Essen (links unten). Die Arbeiter von Krupp und ihre Familien wohnten in eigens gestalteten Werkssiedlungen mit verkehrsfreien Flächen im Hof, wo die Kinder spielen konnten (rechts unten).

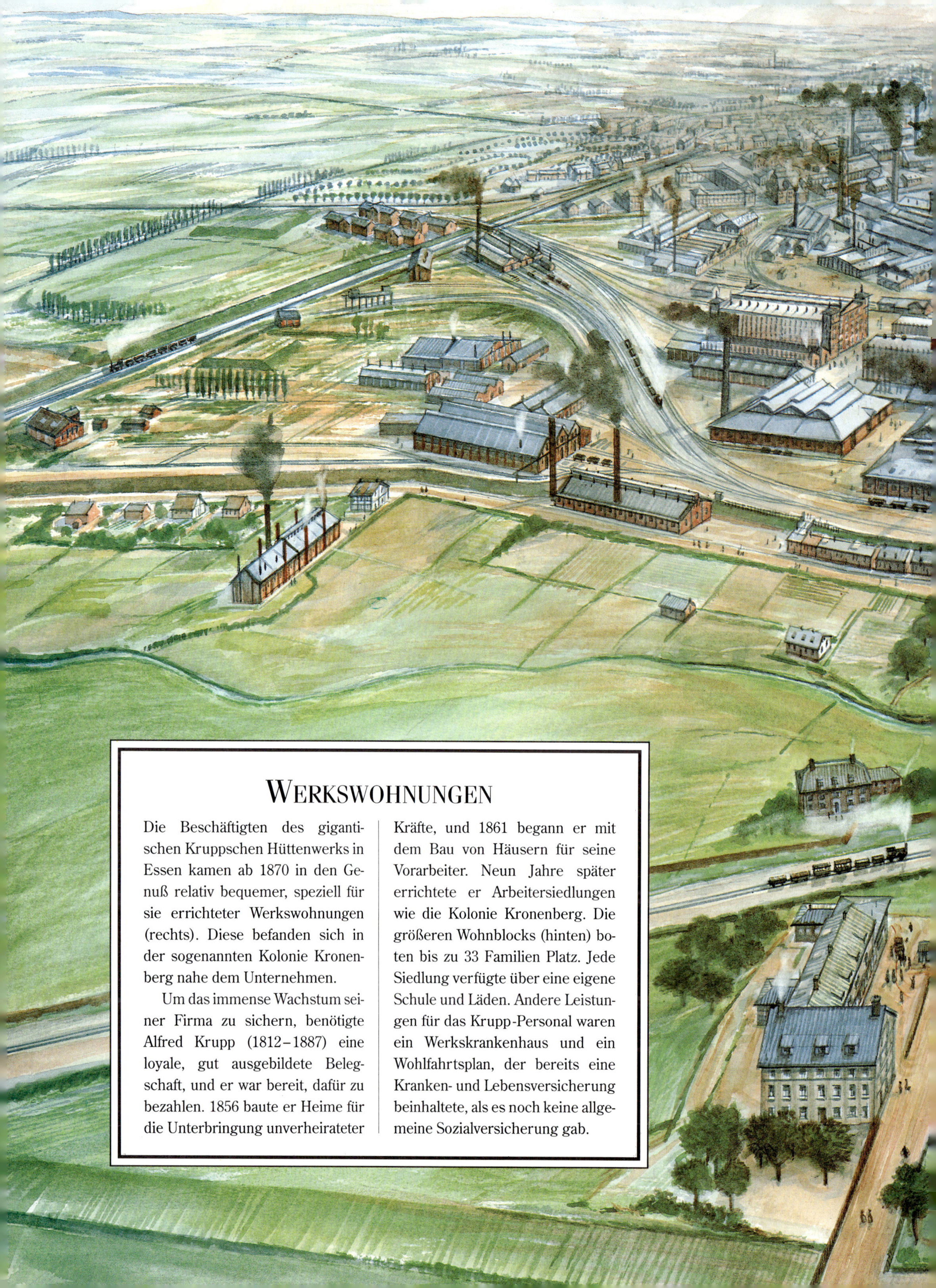

Werkswohnungen

Die Beschäftigten des gigantischen Kruppschen Hüttenwerks in Essen kamen ab 1870 in den Genuß relativ bequemer, speziell für sie errichteter Werkswohnungen (rechts). Diese befanden sich in der sogenannten Kolonie Kronenberg nahe dem Unternehmen.

Um das immense Wachstum seiner Firma zu sichern, benötigte Alfred Krupp (1812–1887) eine loyale, gut ausgebildete Belegschaft, und er war bereit, dafür zu bezahlen. 1856 baute er Heime für die Unterbringung unverheirateter Kräfte, und 1861 begann er mit dem Bau von Häusern für seine Vorarbeiter. Neun Jahre später errichtete er Arbeitersiedlungen wie die Kolonie Kronenberg. Die größeren Wohnblocks (hinten) boten bis zu 33 Familien Platz. Jede Siedlung verfügte über eine eigene Schule und Läden. Andere Leistungen für das Krupp-Personal waren ein Werkskrankenhaus und ein Wohlfahrtsplan, der bereits eine Kranken- und Lebensversicherung beinhaltete, als es noch keine allgemeine Sozialversicherung gab.

In Großbritannien setzte der Schokoladenhersteller Cadbury neue Maßstäbe, sowohl in der Qualität der Erzeugnisse (rechts) als auch der Arbeiterunterkünfte. Wie diese aussahen, zeigt die Mustersiedlung Bournville in Birmingham (oben).

ruhiger häuslicher Harmonie führt und eher Unruhen verursachen kann, wenn man viele fremde Familien unter einem Dach zusammenbringt". Deshalb bestand die *cité ouvrière* in Mülhausen nicht aus kasernenähnlichen Wohnblocks, sondern aus einzeln stehenden, zweigeschossigen Häusern. Zu diesen gehörten je ein Keller, ein großes Zimmer und eine Küche im Erdgeschoß und drei Schlafzimmer, ein Abort und Vorratsraum im oberen Stockwerk sowie ein eigener Garten. Für Unverheiratete gab es in kleinen Wohnblocks möblierte Apartments. Zu den Gemeinschaftseinrichtungen zählten Kinderbetreuung und medizinische Dienste, ein Bade- und ein Waschhaus, ein Schwimmbad, eine Bäckerei sowie ein Restaurant. 1895 hatte sich die Siedlung ausgedehnt und beherbergte 10 000 Menschen, also ein Zehntel der Stadtbevölkerung.

Allmählich sahen die Angehörigen der Mittelschicht ein, daß den Arbeiterfamilien ihre private Abgeschlossenheit ebenso am Herzen lag wie ihnen selbst. Wenn – was selten geschah – Arbeiter befragt wurden, stellte sich heraus, daß es ihnen in erster Linie um getrennte Schlafzimmer für Eltern und Kinder ging.

Musterdörfer in Grossbritannien

Das französische Experiment mit den Arbeitersiedlungen wurde vorwiegend vom Staat oder von städtischen Behörden gefördert. In Großbritannien dagegen spielten im ersten Jahrhundert der Industrialisierung Privatunternehmen eine führende Rolle, bis Joseph Chamberlain, nach 1870 für die radikale Partei Bürgermeister von Birmingham, zeigte, was städtische Bemühungen erreichen konnten. Er ließ dumpfe Hinterhöfe wegreißen und errichtete statt dessen gutgepflegten, anständigen Wohnraum. Zuvor hatten Arbeitgeber auf der Suche nach Personal für Unternehmen, die wie viele Bergwerke und die ersten mit Wasserkraft angetriebenen Baumwollspinnereien abgelegen waren, kaum eine andere Wahl, als ihren Leuten die Unterkünfte zu stellen. 1768 baute Robert Morris zur Unterbringung von Bergleuten für die Kupferminen von Cornwall den Ort Morriston. Die von Richard Arkwright gegründete Siedlung Cromford bei Matlock in Derbyshire war das erste Dorf, das zu einer Baumwollfabrik gehörte. Es wurde um 1770 errichtet und bestand aus Reihenhäusern, Läden, einer Kirche und einer Gastwirtschaft.

Spätere Generationen von Arbeitgebern banden durch die Bereitstellung von guten Wohnmöglichkeiten ihre Belegschaft an die Firma. So entstanden im Verlauf des 19. Jh. weitere Arbeitersiedlungen. Bournville, das der Schokoladenfabrikant George Cadbury nach 1879 südlich von Birmingham anlegen ließ, verwöhnte seine Bewohner mit großzügigen Gartenanlagen und fungierte im 20. Jh. als Vorbild für die Erschließung von Vorortgebieten.

Die Stadt Pullman in den USA

Die meisten amerikanischen Werkssiedlungen bestanden aus trostlosen Holzhäuschen und kasernenartigen Bauten mit primitiven Sanitäranlagen. Eine Ausnahme war Pullman, das 1879 südlich von Chicago von George Pullman, dem Erfinder des Luxus-Schlafwagens, für die Unterbringung seiner 2700 Beschäftigten errichtet wurde. Solide Backsteinhäuser, jeweils mit Vorgarten, standen in ordentlichen Reihen. Zu den öffentlichen Einrichtungen gehörten ein Ladenkomplex, ein Theater für 1000 Zuschauer, ein Hotel mit 70 Zimmern, eine Bank, eine Schule, eine Feuerwehr, eine Musikkapelle, ein kostenloser Kindergarten und zwei Parks. Vereine, die von der Firma finanziert wurden, ermunterten z.B. zum Bootfahren, Schlittschuhlaufen, Radfahren und Baseballspielen. Auch betrieb die Firma ein Gaswerk, eine Eisfabrik, eine

Wachsende Vielfalt auf britischen Speiseplänen

Der weltweite Handel und neue Methoden der Nahrungsmittelkonservierung brachten einen tiefgreifenden Wandel in der durchschnittlichen Speisekammer Großbritanniens mit sich. Ab 1860 wurde in Indien Tee angebaut, der bald den chinesischen Tee vom britischen Markt verdrängte. Der Lebensmittelhändler und Millionär Sir Thomas Lipton sicherte die Versorgung seiner Läden durch den Erwerb eigener Teeplantagen in Ceylon, dem heutigen Sri Lanka. Zum Süßen von Speisen und Getränken verwendete man Zucker von den Westindischen Inseln. Kanadas weite Prärien lieferten Weizen, der den Brotpreis verbilligte

Der Erwerb von Lebensmitteln im großen Maßstab und ihr Verkauf an die britischen Arbeiter brachten Thomas Lipton den Adelstitel „Sir" und ein Vermögen ein.

und es der Hausfrau ermöglichte, mehr Geld für andere Lebensmittel auszugeben. 1880 brachten Kühlschiffe Fleisch von Rind, Hammel und Lamm sowie Molkereiprodukte aus Australien und Neuseeland. Später waren Ananas, Bananen und andere tropische Früchte, gekühlt oder in Dosen, erhältlich. Und als besondere Labsal erachteten die naschhaften Briten Süßigkeiten und Getränke, die auf der Basis von Kakaobohnen aus Westafrika hergestellt wurden.

Molkerei und eine Gemüsegärtnerei. Alles war blitzsauber – und es gab eine Fülle von Vorschriften, damit es auch so blieb. So durfte man wegen der Reinlichkeit weder Schweine noch Hühner halten. Alle Reparaturen und Gartenarbeiten führten Firmen aus. Die Bewohner mußten sich im Mietvertrag sogar dazu verpflichten, ihre Häuser nicht mit schmutzigen Stiefeln zu betreten.

1893 schätzte man den Wert von Pullman auf 8 Mio. Dollar. Als es dann zu Bankzusammenbrüchen und einem plötzlichen und drastischen Rückgang der Nachfrage nach Eisenbahnwagen

Bedford Park in Westlondon wurde um 1870 angelegt. Künstler und Intellektuelle fühlten sich von den breiten Straßen und geräumigen Villen angezogen.

Eine gewaltige Stadtbevölkerung bot der Reklame neue Möglichkeiten. Führend war die chemische Industrie, welche – wie hier – für ihre Seife und frei verkäufliche Medikamente warb.

kam, reagierte George Pullman darauf durch Preisnachlässe und Lohnkürzungen bei seinen Leuten. Die Gehälter seiner Geschäftsführer, die Dividenden seiner Aktionäre und die Höhe der Mieten blieben jedoch unangetastet. Im Jahr 1894 trat die Belegschaft daraufhin in einen Streik, der 13 Menschenleben und 53 Verletzte forderte.

Mahlzeiten und Essgewohnheiten

Wer nicht in der Nähe seines Arbeitsplatzes wohnen konnte, mußte meist seine Eßgewohnheiten ändern. Durch lange Anfahrtszeiten und weil man im-

Brot und Suppe stellten die Grundnahrungsmittel der französischen Arbeiter dar (oben). Auf dem Tisch von wohlhabenden Landsleuten schimmerten Steingut, Glas und Silber in Hülle und Fülle. Reichhaltige, zum Ritual erhobene Mahlzeiten versinnbildlichten die häusliche Geborgenheit (links).

mer mehr Kinder in die Schule schickte, wurde es zunehmend schwieriger, die Familie täglich zu einer gemeinsamen Mahlzeit um den Tisch zu versammeln. Folglich erhielt für alle, die es sich leisten konnten, die große gemeinsame Sonntagsmahlzeit einen hohen Stellenwert. In den besserverdienenden Schichten nahm man sie meistens mittags ein und gab den Dienstboten nachmittags frei.

Die Abstände zwischen den Essenszeiten vergrößerten sich zusehends, weil die Fahrtzeiten den Arbeitstag verlängerten. In den Städten fiel das Frühstück selbst bei denen, die genug Geld hatten, spärlich aus. Die Mittagsmahlzeit verlor an Bedeutung, als die Familien sie nicht mehr gemeinsam einnehmen konnten. Der amerikanische Millionär und arbeitsbesessene Bankier George Peabody brachte sich belegte Brote ins Büro mit. Und in der Londoner City aßen die meisten seiner Konkurrenten hastig eine Kleinigkeit in einem billigen Restaurant, ihre Büroangestellten dagegen waren Stammgäste in Stehcafés oder bei Straßenverkäufern, die heiße Fleischpasteten feilboten. Innerhalb der unteren Mittelschicht aber, die bei ihren Läden und Werkstätten wohnte, blieb das Mittagessen die wichtigste Mahlzeit, ebenso in Südeuropa, wo sich eine Siesta daran anschloß.

Die abendliche Hauptmahlzeit verschob sich auf eine immer spätere Uhrzeit. Vor der Französischen Revolution, in den Jahren um 1780, dinierten die eleganten Schichten zwischen 16 und 17 Uhr nachmittags. Ein halbes Jahrhundert später galt ein Abendessen um 18 Uhr als geschmacklos früh. Gäste lud man gewöhnlich für 19.30 oder 20 Uhr ein, und es galt als höflich, ein paar Minuten früher zu kommen. Um die Lücke zwischen dem Mittagessen und diesem späten Abendessen zu füllen, führte die Herzogin von Bedford in Großbritannien die Teestunde um 16 Uhr ein, eine Mahlzeit, die um 1870 so üppig wurde, daß der Franzose Hippolyte Taine sie mit einem Picknick im Haus verglich.

Aufwendige Diners machten es erforderlich, daß auch die Küchen der „dinierenden Schichten" gehobenen Ansprüchen genügten. Die rauchigen offenen Feuer und Bratspieße des 18. Jh. mußten gußeisernen Kochherden weichen. Diese waren mit Kochplatten, einem Backofen, in dem man bei verschiedenen Temperaturen backen und braten konnte, und einem Warmwasserschiff zur ständigen Versorgung mit heißem Wasser ausgestattet. In den Händen einer geschickten Köchin, die wußte, wie man durch Einstellen der Klappen unterschiedliche Temperaturen an verschiedenen Stellen erzeugt, bedeutete der Küchenherd einen beachtlicheren Fortschritt als alles bisher Dagewesene. Allerdings mußte er häufig vom Küchenmädchen zum Schutz gegen Rost mit Ofenschwärze behandelt werden – und das war eine schmutzige und mühsame Angelegenheit.

Vorratsschränke, eine gutgelüftete Speisekammer mit Marmorborden und ein Spülbecken aus Stein oder Keramik gehörten auch in den Häusern der unteren Mittelschicht zur normalen Ausstattung. Ab 1830 existierten zwar Gaskochherde, sie setzten sich aber erst eine Generation später allgemein durch. Es gab verschiedene handbetätigte Geräte, mit denen man mahlen, hacken und schneiden sowie Eis machen, Kirschen entsteinen und Messerklingen reinigen konnte. Schon 1890 besaßen die modernsten Küchen Dampfkochtöpfe, elektrische Kessel und Toaster. Die Steinfußböden wurden mit Kokosmatten oder Linoleum ausgelegt.

Das Titelblatt eines Magazins von 1895 zeigt Bewohner von Paris, die auf dem Weg zur Arbeit in einem Straßencafé etwas zu sich nehmen.

EINFACHERE ERNÄHRUNG

Während sich die Mittelschicht damit beschäftigte, wie man stilvoll diniert, mußten sich die meisten Briten mehr um die Nahrungsbeschaffung für ihr Überleben kümmern. Fortschritte in der Landwirtschaft machten sich nur zögernd in der Ernährung der Armen bemerkbar. In Großbritannien lebten viele Landarbeiter von sogenannter Kesselsuppe – einer Brühe aus gekochtem Wasser und darin aufgeweichtem altbackenem Brot, der man mit Zwiebel- oder Speckstückchen und ausgelaugten Teeblättern Geschmack verlieh. In Frankreich gab eine durchschnittliche arme Familie die Hälfte ihres Haushaltsgeldes für Brot aus. Da die entsprechenden Geräte fehlten, mit denen man frische Nahrungsmittel hätte kühlen können, ernährten sich die Minderbemittelten in ganz Europa vorrangig von konservierten Lebensmitteln: Stockfisch in Portugal, geräuchertem Schinken in Spanien, Sauerkraut und Wurst in Deutschland, eingelegten Zwiebeln und Hartkäse in England.

Deutsche Arbeiter stehen 1895 geduldig vor einer Fabrikküche Schlange. Die Schüsseln und Löffel in ihren Händen deuten darauf hin, daß es Suppe oder Eintopf gibt.

Französische Kavalleristen geben vor ihrer Kaserne kostenlos Suppe aus (oben). In Südafrika gönnen sich reiche Besucher von Pferderennen ein üppiges Picknick mit Champagner (rechts).

Werkskantinen kannte man vor dem Ersten Weltkrieg noch kaum. Die Männer nahmen einen kalten Imbiß mit zur Arbeit. *Cornish pasties* wurden ursprünglich von den Bergleuten der Zinnminen in Cornwall verzehrt. Sie konnten den dicken Pastetenrand mit ihren schmutzigen Händen festhalten und dann fortwerfen. Bei einer komplizierteren Version buk man in der einen Hälfte Hackfleisch und Gemüse, in der anderen eine Obstfüllung ein. In Städten, in denen viele verheiratete Frauen berufstätig waren, boten Garküchen eine besondere Dienstleistung an: Sie brieten oder kochten das Essen, das die Frau auf dem Weg zur Arbeit vorbeibrachte und auf dem Heimweg wieder mitnahm. Die meisten Berufstätigen aßen nur abends warm, und die Hausfrauen organisierten ihren Tagesablauf so, daß auf die erschöpften Männer nach ihrer Rückkehr eine nahrhafte Mahlzeit wartete.

Beim Essen erhielten die Väter die größten Mengen und auch die besseren Stücke, da das Wohlergehen der ganzen Familie von der Gesundheit und Vitalität des Haupternährers abhing. Danach kamen zunächst meist die Kinder an die Reihe, während die Hausfrau sich selbst zuletzt bediente. So ist es nicht weiter verwunderlich, daß vor allem Mütter an Unterernährung litten. Als Folge davon alterten die betroffenen Frauen vorzeitig und verloren ihre Zähne.

Gegen Ende des 19. Jh. waren überall Lebensmittel in Dosen erhältlich, die man ursprünglich in den Napoleonischen Kriegen (1799–1815) für das Militär entwickelt hatte. Auf dem Tisch der wohlhabenderen Arbeiterfamilien in Großbritannien tauchten allmählich Dosenfleisch aus Chicago, Cincinnati und Buenos Aires sowie Dosenobst aus Australien und Südafrika auf. Und Kondensmilch gab man den Vorzug vor frischer Kuhmilch, weil man sie wegen ihres hohen Zuckergehalts länger aufbewahren konnte als diese.

Betrüger hinter der Ladentheke

Gedruckte Warnungen, daß Kondensmilch für Kleinkinder ungeeignet sei, beachtete nahezu niemand. Aber sie sind der Beweis dafür, daß es Bemühungen gab, die Öffentlichkeit in grundlegenden Ernährungsfragen zu informieren und zu erziehen. So erließ Großbritannien 1860 die ersten Gesetze gegen das Panschen von Lebensmitteln.

Für die Bewohner von Großstädten war es oft unmöglich, Gemüse anzubauen oder ein paar Hühner zu halten, weil ihnen schlichtweg der Platz dafür fehlte. Folglich mußten sie sämtliche Nahrungsmittel kaufen. Und wer dabei nicht aufpaßte, hatte damit zu rechnen, daß man ihn arglistig täuschte und schädigte. Milch beispielsweise wurde gern durch den Zusatz von Wasser verdünnt. Diese Form von Betrug war am weitesten verbreitet. Oder man streckte z. B. Pfeffer und Kakao mittels Ziegelmehl, Zucker mit Hilfe von weißem Sand und Mehl durch die Beigabe von feingemahlenen Knochen. Und Käse sah kräftiger und schmackhafter aus, wenn man etwas Mennige zufügte, eine rote Farbe aus Bleioxyd, die normalerweise als Rostschutz verwendet wurde.

Körper, Geist und Seele

Die Industrie veränderte mehr als nur die Arbeitswelt. Sie bewirkte einen Wandel der Gesellschaft und setzte neue Kräfte in Bereichen wie Bildung und Politik frei. Die Arbeiter organisierten sich in Gewerkschaften, und der Rückgang des Analphabetentums führte zum Aufschwung einer Presse mit Massenauflagen. Dank naturwissenschaftlicher Forschung wurde in der Medizin die Narkose möglich, und man konnte nun tückische Infektionskrankheiten von Grund auf bekämpfen.

Lesen und Schreiben

Die Welt der Bücher war einst eine Domäne der Reichen, denen genug Zeit für Müßiggang blieb. Doch in dem Maße, wie wirtschaftlicher Erfolg von der Fähigkeit abhing, sich mehr Wissen anzueignen, entwickelte sich Bildung von einem Privileg für wenige zu einer Notwendigkeit für alle.

Bildung, Schulen und Universitäten gewannen im Zuge der Aufklärung – einer vom Fortschrittsglauben bestimmten geistigen Bewegung, die sich gegen Autoritätsdenken wandte – im 18. und 19. Jh. zunehmend an Bedeutung. Aber es gab auch schon zu jener Zeit Mitglieder der wohlhabenden, herrschenden Schicht, die angesichts der Bildungswünsche der breiten Massen um ihre eigenen Pfründe fürchteten. So verkündete Davies Giddy, später Präsident der British Royal Society, im Jahr 1807 vor dem Unterhaus, „den Arbeitern Wissen zukommen zu lassen ... werde sich ... als abträglich für ihre Moral und ihr Glück erweisen; es würde sie dazu bringen, ihr Los zu verachten, anstatt gute Bedienstete in der Landwirtschaft und in anderen anstrengenden Betätigungsfeldern, für welche sie ihre Stellung in der Gesellschaft bestimmt hat, aus ihnen zu machen. Anstatt sie Unterordnung zu lehren, würde Bildung sie widerspenstig und störrisch machen."

Konkurrenzdruck: Zeitungsverkäufer vor den Toren einer deutschen Fabrik. Blätter mit Massenauflagen warben durch aufsehenerregende Schlagzeilen und großformatige Bilder um Leser.

Lesen und schreiben zu können stellte für die Angehörigen der alten freien Berufe wie Rechtsanwalt und Arzt einen unverzichtbaren Schlüssel zu dem Wissen dar, auf dem ihre Macht und ihr Prestige beruhten. Diese Fähigkeiten zusammen mit Rechenkenntnissen wurden nun auch für die tägliche Arbeit von Büroangestellten, Geschäftsleuten und Ladeninhabern unerläßlich. Bei den Herren aus gutem Hause aber galten Lesen und Schreiben, ebenso wie elegantes Fechten oder Reiten, als Zeichen ihrer gesellschaftlichen Position. Gelehrsamkeit bedeutete für viele der Privilegierten einen weiteren Aspekt feiner Lebensart, vergleichbar mit vornehmer Kleidung oder ausgewählten Speisen. Wenn ein Plantagenbesitzer in Virginia eine Bibliothek mit 1500 Büchern zusammentrug, kostete ihn das ebensoviel wie das Handelsschiff, das seine Baumwolle nach Liverpool transportierte.

Unterschiedliches Bildungsniveau

In den einzelnen Ländern machten sich durchaus Unterschiede in den Lese- und Schreibkenntnissen der Bevölkerung bemerkbar. Unter 754 Rekruten, die 1852 in die Armee des deutschen Großherzogtums Mecklenburg-Schwerin eingezogen wurden, befanden sich beispielsweise nur 21 völlige Analphabeten. 106 kannten aber nichts anderes als die Buchstaben und waren nicht in der Lage, ganze Wörter zu lesen. 330 weitere konnten stockend lesen, und nur ein Fünftel besaß gute Schreibkenntnisse. Mehr als die Hälfte war nicht fähig, einfache Rechenaufgaben zu lösen.

In Schottland lag die Zahl der Menschen, die lesen und schreiben konnten, höher als in England, die ländlichen Niederlande ließen das schon in der Industrialisierung begriffene Belgien hinter sich, und die Schweiz überholte Österreich – drei Beispiele, die darauf schließen lassen, daß der Calvinismus und der starke Wunsch, die Bibel lesen zu können, einen weit größeren Anreiz zum Lernen boten als der Handel. In Italien konnten 1881 etwa 38% der Bevölkerung lesen, in Portugal im Jahr 1890 rund 20% und in Serbien im selben Jahr an die 14%. Amerika wies deutliche Unterschiede zwischen der hell- und dunkelhäutigen Bevölkerung auf: 1890 betrug der Anteil an weißen Analphabeten 7,7%, dagegen der an schwarzen rund das Siebenfache, nämlich 56,8%.

Die Industrialisierung brachte zwar den Wohlstand mit sich, der für die Errichtung von Schulen und die Bezahlung von Lehrern nötig war. Trotzdem ergaben sich für die einfachen Leute nur allmählich bessere Bildungsmöglichkeiten. In den Anfangsstadien der Industrialisierung dürfte das Bildungsniveau in Gebieten mit Textilgewerbe und Bergbau eher noch gefallen sein, weil die Kinder, sobald sie zum Unterhalt der Familie beitragen konnten, in die Fabriken und Bergwerke geschickt wurden. Dort bestand ein weit geringerer Bedarf an gebildeten Kräften als beispielsweise im Handel; eine Fabrik mit 1000 Arbeitern beschäftigte unter Umständen nur zwei Büroangestellte.

HÄTTEN SIE'S GEWUSST?

In Deutschland entwickelte sich das Volkshochschulwesen erst im späten 19. Jh. Seit 1890 entstanden hier erste Bildungseinrichtungen für Erwachsene, in denen sie vor allem abends nach der Arbeit ihr Wissen erweitern konnten. Die Idee zur Gründung von Volkshochschulen stammt von dem dänischen Theologen, Pädagogen und Schriftsteller Nicolai Frederik Severin Grundtvig (1783–1872).

Wer Reklame an Kiosken, Plakatwänden und Litfaßsäulen – wie auf dieser Straße in Paris – machte, ging davon aus, daß immer mehr Menschen lesen und schreiben konnten.

Die elterliche Sorge um Bildung ergriff auch die Armen. In New York beaufsichtigt ein italienischer Einwanderer um 1880 die Hausaufgaben seines Sohnes (links). Und eine französische Mutter gibt ein Beispiel für ruhige Konzentration (oben).

Langfristig freilich machte der Bedarf an gebildeten Arbeitskräften die Verbesserung der Bildungschancen für alle Bevölkerungsschichten unumgänglich. In Amerika spielten auch politische und gesellschaftliche Überlegungen eine Rolle. Im Jahr 1830 wurde auf einer Tagung von Arbeitern aus Philadelphia beschlossen, „daß es keine wirkliche Freiheit ohne eine umfassende Verbreitung wirklichen Wissens gibt; daß alle Mitglieder eines Gemeinwesens gleichermaßen über die Art und den Charakter ihrer gleichen Rechte und Pflichten als Menschen und Staatsbürger unterwiesen werden sollen; daß Freiheit ein bedeutungsloses Wort und Gleichheit ein leerer Schein bleibt, bis allen – ohne Unterschied – die Mittel einer gleichen Ausbildung gewährt werden."

Andere waren weniger auf die befreienden Einflüsse von Bildung erpicht, sondern versuchten vor allem religiöse Werte zu vermitteln. Die Engländerin Hannah More, die im ersten Jahrzehnt des 19. Jh. in der Umgebung vom britischen Medip Hills, das für seine Bleiminen bekannt war, Sonntagsschulen einrichtete, versicherte dem Bischof von Bath und Wells: „Mein Unterrichtsplan ist einfach und begrenzt … Schreiben kommt für die Armen nicht in Frage. Mein Ziel kann es nicht sein, Fanatiker heranzuziehen, sondern ich werde die unteren Klassen in Fleiß und Frömmigkeit schulen."

Selbsthilfe und staatliche Unterstützung

Die verbreitetste Form des Schulunterrichts im England des 18. Jh. war die private Elementarschule, wo Dorfkinder in einer häuslichen guten Stube oder einem Wohnzimmer hinter dem Laden unterrichtet wurden. Den Lehrern – oftmals Witwen, bisweilen auch verkrüppelte Männer – fehlte es an Unterrichtsmaterialien, und recht häufig besaßen sie selbst nur wenig Bildung. Sie bemühten sich nach Kräften, ihren Schülern Grundkenntnisse im Lesen und Schreiben und die wichtigsten Lehrsätze des Christentums zu vermitteln.

In den meisten Fällen mag solch eine „Bildungseinrichtung" kaum mehr gewesen sein als eine Art Kinderbetreuung, die finanziell bedrängte Mütter in die Lage versetzte, eine bezahlte Arbeit anzuneh-

KEINE AUSLANDSSTUDIEN

Der erste Präsident der USA, George Washington (1732–1799), hinterließ Geld für die Gründung einer Universität, da amerikanische Studenten im Ausland von „Maximen, die nicht den Grundsätzen der republikanischen Verfassung entsprechen", vergiftet werden könnten. Das Geld blieb unangetastet. Der Staat Georgia sperrte sogar jedem, der im Ausland ausgebildet war, den Zugang zu Ämtern für so viele Jahre, wie er in der Fremde war.

Neue Impulse für das preussische Schulwesen

Nur etwa 16 Monate hatte der Gelehrte und Staatsmann Wilhelm von Humboldt (1767–1835) die Leitung der Unterrichtsverwaltung von Preußen inne, aber dennoch belebte er das Bildungswesen dieses Staates mit neuen Ideen und Reformkonzepten. Ziel von Bildung sollte seiner Meinung nach nicht der Broterwerb sein, sondern die Formung und Vervollkommnung der eigenen Persönlichkeit. Und dabei maß er vor allem der Beschäftigung mit Geschichte, Sprache und Dichtung besonderen Wert bei.

Das ideale Schulsystem war nach Humboldt in drei aufeinander aufbauende Stufen gegliedert: den Elementar-, Gymnasial- und Universitätsunterricht. Rechnen, Lesen, Schreiben und die Pflege der deutschen Sprache bildeten die Schwerpunkte des Elementarunterrichts. Im Gymnasialunterricht sollten vor allem sprachliches, mathematisches und historisches Wissen vermittelt werden. Die Beschäftigung mit der Wissenschaft und das Nachdenken darüber stellte sich Humboldt als Zweck des Universitätsunterrichts vor.

Besonderes Augenmerk legte Humboldt auf die Ausbildung der Lehrer. Bis zu seiner Zeit gab es beispielsweise den Beruf des Gymnasiallehrers als lebenslange Tätigkeit noch nicht. Der Reformer setzte durch, daß Lehramtskandidaten für das Gymnasium eine Staatsprüfung ablegen mußten. Die Einführung des Abiturs geht ebenfalls auf seine Anregungen zurück. Er wollte damit erreichen, daß allein die Fähigkeiten der Schüler und nicht etwa Standesprivilegien über den Zugang zur Universität entschieden.

Diese Gruppe holländischer Dorfschulkinder vermittelt den Eindruck disziplinierten Gehorsams. Aufmerksam blicken sie zur Lehrerin.

men. Die Bereitschaft vieler armer Eltern, ein paar Pfennige dafür auszugeben, daß ihr Kind lesen und schreiben lernte, zeigt jedoch, wie sehr sie daran interessiert waren, ihre Sprößlinge vor lebenslanger Armut in Unwissenheit zu bewahren.

Um 1860 stellte der Journalist Henry Mayhew zu seiner Überraschung fest, daß Eisenach in Thüringen, eine Stadt mit rund 13 000 Einwohnern, einen Kindergarten unterhielt, in dem etwa 150 Kinder zwischen vier und sechs Jahren für einen Jahresbeitrag von 1 Pfennig von morgens 7 Uhr zwölf Stunden lang betreut und mit Brot und Suppe versorgt wurden. Abgesehen von mehreren Grund- und weiterbildenden Schulen nannte dieselbe Stadt auch eine Forstfachschule ihr eigen, desgleichen ein Seminar für Lehrerausbildung und eine exklusive Bildungseinrichtung für Damen mit knapp 20 Schülerinnen, die zur Hälfte aus England kamen, meist aus Manchester. Mayhew schätzte, daß insgesamt etwa 18% der einheimischen Bevölkerung im Schulalter eine geregelte Erziehung genossen, verglichen mit einem nationalen Durchschnitt von 12% in Großbritannien. In Wirklichkeit dürfte die Zahl für Deutschland noch erheblich höher gelegen haben.

Besonders beeindruckend war für ihn die systematische Ausbildung der deutschen Lehrkräfte, die

Auf Gemälden des gehobenen Bürgertums wurde die Kindheit als eine Zeit der Unschuld idealisiert.

auch Orgel, Violine und Klavier spielen lernten, so daß sie gleichzeitig als Kantor in einer Kirche tätig sein konnten.

In Großbritannien vollzog sich im Jahr 1822, als Dr. George Birkbeck das Londoner Mechanics' Institute gründete, ein großer Schritt nach vorn. Unterstützt wurden seine Bemühungen im wesentlichen von der „Gesellschaft für die Verbreitung nützlichen Wissens". Die Haupttätigkeit dieses 1826 gegründeten Vereins bestand darin, Personen, die keine brauchbaren Lehrer hatten oder lieber allein lernen wollten, mit Lehrstoff zu versorgen, den man heute Fernlehrmaterial nennen würde. 1850 gab es in Großbritannien mehr als 700 Mechanics' Institutes. Ihre Zielgruppe waren Handwerker, die viele praktische Fertigkeiten besaßen, aber wenig von den theoretischen Grundsätzen ihres Gewerbes verstanden. Da sie eine kürzere Arbeitszeit hatten als Schwerarbeiter und meist nicht ungebührlich ausgenutzt wurden, blieben ihnen genug Zeit und Energie für den Besuch einer Abendschule. Auch konnten sie sich

Plakate stellten eine billige Methode dar, um der wachsenden Zahl an Menschen, die lesen konnten, Informationen zugänglich zu machen.

Die *Illustrated London News* wurde mit Hilfe von Dampfkraft gedruckt (um 1849). Die Drucker gehörten zu den gebildetsten Mitgliedern der Arbeiterklasse und galten in der Gewerkschaftsbewegung als die Aktivisten.

die bescheidene Gebühr für den Schulbesuch leisten. Durch den Unterricht in Grundlagen der Mathematik und Naturwissenschaften versuchten die Institute, die Lücke zwischen Theorie und Praxis zu schließen. So wollten sie sicherstellen, daß Großbritannien allen eventuellen industriellen Konkurrenten voraus sein konnte. Paradoxerweise zeigten viele Berufstätige weniger Interesse an praktischen Fächern als an Literatur, Geschichte oder Volkswirtschaft – an Themenbereichen also, die gesellschaftliche Anerkennung verliehen oder es der Arbeiterschicht erleichterten, eigene Organisationen zu gründen.

Schweizer Bildungshunger

Ein Engländer, der um 1870 die Schweiz besuchte, fand die Lage dort weit mehr nach seinem Geschmack als in seinem Heimatland. „Die Geschichte der Schweizer Arbeiterschaft gibt ein recht beeindruckendes Beispiel für den Wert von Erziehung, wenn diese nicht zu weit getrieben wird … Während unsere Handwerker ihre Zeit und auch ihr Geld in Gasthäusern vergeuden, bereitet sich der Schweizer Arbeiter theoretisch und praktisch auf die Eventualitäten der Zukunft vor … Die Mitglieder der in großer Zahl vorhandenen Arbeitervereine kommen mit Regelmäßigkeit an ihrem jeweiligen Versammlungsort zusammen, wo ihnen Bücher, Zeitschriften, Spiele und Erfrischungen zur Verfügung stehen. Dort diskutieren sie miteinander, organisieren Theateraufführungen und lernen moderne Sprachen, Buchführung, Zeichnen, Arithmetik, Geschichte usw."

Ein französisches illustriertes Flugblatt mit den Versen eines Kampfliedes. Die geheimen Druckereien wurden zu einer mächtigen Waffe der Revolution von 1848.

Mit der Erweiterung des Wahlrechts in vielen europäischen Ländern in der zweiten Hälfte des 19. Jh. und dem zunehmenden Handelswettbewerb zwischen den Nationen wurde die Bildung der Massen aus politischen wie aus wirtschaftlichen Gründen noch dringlicher. Zwischen 1840 und 1880 wuchs die Bevölkerung Europas um rund 33% – der Besuch von Schulen nahm darüber hinaus sogar um beachtliche 145% zu.

Das Schulwesen in den USA

Das amerikanische Gegenstück des Mechanics' Institute war das Lyceum, eine Art Volkshochschule, zu deren Gründung die Schriften des radikalen britischen Reformers Baron Henry Peter Brougham (1778–1868) anregten. Die erste derartige Bildungseinrichtung wurde 1826 in Millbury, Massachusetts, errichtet. Sie veranstaltete vorrangig Vortragsreihen über eine breite, fast zufällige Auswahl von Themen. Die Institution fand zahlreiche Nachahmer, und 1860 gab es über die Vereinigten Staaten verstreut bereits rund 3000 davon. Um 1875 wurden sie als *Chautauquas* neu gegründet. Der Name stammte von einem Fortbildungstreffen für Lehrer der Sonntagsschule und kirchliche Helfer am Chautauqua Lake im Bundesstaat New York. Die Chautauqua-Bewegung bot nicht nur Vorlesungen an, sondern als unterstützende Maßnahme bald auch Fernunterrichtskurse.

In Amerika wurde der Kampf um kostenlose, aus Steuergeldern bezahlte Schulen in den Jahren um 1835 ausgefochten. Trotz des Widerstandes von Leuten, die sich als Betreiber privater Bildungseinrichtungen gegen diese Schulen stellten, setzte sich der Grundsatz der kostenfreien Bildung und der Schulpflicht nach deutschem Vorbild allmählich ab der Jahrhundertmitte durch. Noch 1870 gab es nur ungefähr 160 öffentliche Mittelschulen in den gesamten Vereinigten Staaten, 1900 waren es 6000.

Neue Gemeinden in Amerika errichteten ihre ersten Schulbauten meistens in Gemeinschaftsarbeit, und die Eltern zahlten dem Lehrer je Kind und Monat einen festen Betrag. Lehrer wurden, wie Predi-

THE DAILY CITIZEN.
J. M. SWORDS............ Proprietor
VICKSBURG, MISS.
THURSDAY, JULY 2, 1863.

Mrs. Cisco was instantly killed on Monday, on Jackson road. Mrs. Cisco's husband is now in Virginia, a member of Moody's artillery, and the death of such a loving, affectionate and dutiful wife will be a loss to him irreparable.

We are indebted to Major Gillespie for a steak of Confederate beef alias meat. We have tried it, and can assure our friends that if it is rendered necessary, they need have no scruples at eating the meat. It is sweet, savory and tender, and so long as we have a mule left we are satisfied our soldiers will be content to subsist on it.

Jerre Askew, one of our most esteemed merchant citizens, was wounded at the works in the rear of our city a few days since, and breathed his last on Monday. Mr. Askew was a young man of strict integrity, great industry and an honor to his family and friends. He was a member of Cowan's artillery and by the strict discharge of his duties and his obliging disposition, won the confidence and esteem of his entire command. May the blow his family have sustained be mitigated by Him who doeth all things well.

Grant's forces did a little firing on Tuesday afternoon, but the balance of that day was comparatively quiet. Yesterday morning they were very still, and continued so until early in the afternoon, when they sprung a mine on the left of our centre, and opened fire along the line for some distance. We have not been able to ascertain anything definitely as to our loss, but as our officers were on the lookout for this move of the enemy, the expectations of the Yankees were not realized by a great deal.

Sunday, Tuesday & Wednesday's Posts.

Total Defeat of Bonaparte's Principal Generals.

Entrance of the Allies INTO **PARIS.**

FLIGHT *of the French* EMPRESS *And the* KING *of* ROME.

Proclamation in favour of the House of Bourbon.

ALL due thanks to the Almighty Disposer of Events—we have this week the supreme happiness of congratulating our Readers upon a series of Splendid Victories, the glorious heart-gladdening result of which is the Capture of the Capital of the French Empire, which was entered by the Allied Sovereigns, at the head of their Armies, on the 31st ult. conformably to a Capitulation for that purpose, duly

Eine englische Zeitung (oben) berichtet über die Napoleonischen Kriege von 1814. In Mississippi bringt eine Zeitung (links) im Bürgerkrieg eine Mischung aus lokalen und nationalen Nachrichten.

ger auf dem Land, als Pensionsgäste herumgereicht und wohnten der Reihe nach mindestens eine Woche und höchstens einen Monat bei jeder Familie. In Kentucky, an der Grenze zur Wildnis, bezahlte man die Lehrer meistens in Naturalien – mit Wild, Mais, selbstgebrautem Whisky, lebenden Schweinen und sogar Pelzen und Eisenstangen.

In der typischen Landschule, die aus nur einem Zimmer bestand, fand man oft schlechtere sanitäre Verhältnisse vor als in den Gefängnissen der damaligen Zeit. Der Staat Connecticut rühmte sich gern der besten Schulen der USA. Wenn das zutraf, sah es im ganzen Land traurig aus, denn das durchschnittliche Schulhaus von Connecticut war mit Maßen von weniger als 6 × 2,40 × 2 m kleiner als ein Güterwaggon. Nicht einmal die Hälfte dieser Schulen wies getrennte Toiletten für Jungen und Mädchen auf. Geheizt wurde mit einem gußeisernen Ofen. Künstliche Beleuchtung gab es nicht, und in vielen dieser Häuser waren die Fenster mit Papier „verglast". Ärmere Kinder bezahlten ihr Schulgeld oft in Form von Brennholz, und wer mit der Zahlung in Verzug geriet, erhielt den Platz, der am weitesten vom Ofen entfernt war.

Nur wenige Lehrer verfügten selbst über umfangreiches Wissen und noch weniger über eine geeignete Ausbildung. Die großen Alters- und Begabungsunterschiede unter den Schülern und der Mangel an Büchern wirkten sich ebenfalls nachteilig auf den Unterricht aus. Zum Rechnen benutzte man durchweg Schiefertafeln, und noch um 1890 wurde die Jahresproduktion dieser Lernhilfen auf eine Stückzahl von 5 Mio. geschätzt. Ansonsten mußten die Schüler hauptsächlich Texte auswendig lernen und aufsagen.

Stadtschulen in Amerika waren viel besser ausgestattet. Sie besaßen Landkarten oder Globen, richtige Pulte und Wandtafeln. Um 1870 gab es in den meisten Schulen schriftliche Prüfungen zur Kontrolle der Schüler. Pünktlichkeit und regelmäßiger Schulbesuch wurden strenger überwacht, und die Lehrer hatten eine bessere Ausbildung als in ländlichen Gebieten.

Das akademische Bildungswesen weitete sich in Amerika rasch aus, doch die meisten Einrichtungen waren klein und kurzlebig. Schon 1800 hatte die junge Republik 22 Einrichtungen, die akademische Grade verliehen – mehr als Großbritannien und Frankreich zusammen. Um 1870 gab es etwa 500 selbsternannte Colleges und Universitäten, aber sie hatten nur 5000 Professoren und 50 000 Studenten. Die meisten freien Berufe, selbst im Bereich von Recht oder Medizin, und den Lehrerberuf konnte man noch immer ohne Collegediplom oder sogar ohne jede höhere Schulbildung ergreifen.

Zeitungsleser wissen mehr

In Großbritannien führte man 1712 Steuern auf Zeitungen ein, um die Ärmeren vom freien Informationsfluß abzuschneiden. Die von der Französischen Revolution geschürten Ängste sorgten dafür, daß die Stempelsteuer auf Zeitungen von $1^1/_2$ Pennies im Jahr 1789 auf 4 Pennies im Jahr 1815 angehoben wurde, so daß der Endpreis schließlich insgesamt 7 Pennies betrug – den Tageslohn eines ungelernten Arbeiters.

Politisch interessierte Menschen gründeten daraufhin Clubs, welche Zeitungen kauften, so daß sie von den Mitgliedern an Arbeitskollegen, Nachbarn und Freunde weitergegeben werden konnten. Den Analphabeten zuliebe las man die Berichte oft vor. Noch 1850, als die „Steuern auf Wissen" aufgehoben wurden, bemerkte der Journalist Henry Mayhew eine Informationsgier, z. B. bei den Straßen-

ZEITZEUGNIS

ÜBER DIE UNGEBILDETEN ENGLÄNDER

1874 half der Brite J. S. Stanley James dem Leiter des amerikanischen statistischen Amtes, Dr. Edward Young, eine Übersicht über die Arbeitsbedingungen in Europa anzufertigen, und stellte dabei folgendes fest:

„Der englische Mechaniker ist anderen Arbeitern überlegen, hinsichtlich Bildung und sozialem Status aber kommt er an den Amerikaner nicht heran! Sein Wissen beschränkt sich meist auf sein Gewerbe … In allem, was darüber hinausgeht, ist er oft völlig unbewandert. Pro Jahr kann ein kleiner Teil der Mechaniker Meister werden; bisweilen bringen sie es zu Wohlstand und gelangen in die Reihen der gesellschaftlichen Führungsschicht oder des niederen Adels. Dann zeigt sich diese Unwissenheit, von der ich spreche, besonders deutlich und macht die Neureichen aus England in der ganzen Welt zum Gespött. Hier … spreche ich nur ganz allgemein. Ich habe gesehen, wie ein Mechaniker aus Manchester Newtons *Principia* im lateinischen Original las. Und ich kenne einen Londoner Mechaniker, der in … Griechisch sehr belesen ist und Hebräisch lernt, damit er die Heilige Schrift in dieser Sprache studieren kann. Doch generell mangelt es den Arbeitern in England an Wissen, und das ist darauf zurückzuführen, daß es kein … nationales Bildungssystem gibt …“

Die Vereinigten Staaten von Amerika, wo selbst die Kinder über Geld verfügten, waren der erste Absatzmarkt für billige, illustrierte Comics.

händlern. „Sie mögen es gern, wenn jemand ihnen etwas vorliest, und hören sehr aufmerksam zu. Ein Mann berichtet ihnen in der Bierschenke oft aus der Sonntagszeitung, und an schönen Sommerabenden liest ihnen ein Nachbar, der den Vorteil genießt, ein ‚Gebildeter‘ zu sein, laut vor.“

Die 1843 gegründete Zeitung *News of the World* (Nachrichten der Welt) hatte 1854 eine Auflage von 100 000, wurde aber von der 1842 gegründeten *Lloyd's Weekly News* (Lloyd's Wochennachrichten) übertroffen, die als erste britische Zeitung 1896 die Millionengrenze überschritt. Schlagzeilen aus der Lokalpresse um die Jahrhundertmitte lassen die Themen erkennen, die großen Anklang fanden: „Grauenvoller Muttermord“, „Die geheimnisvollen Früchte verborgener Liebe“, „Gräßliche Kesselexplosion“, „Traurige Tötung eines von Schmerzen geplagten Kindes durch die Mutter“.

Die amerikanische Presse entwickelte sich in ähnlicher Weise. Die Zahl der Zeitungen erhöhte sich von etwa 200 im Jahr 1800 auf 1200 im Jahr 1830. Die *New York Sun* wurde als erstes Groschenblatt herausgebracht. Die Massenpresse begründete James Gordon Bennett (1795–1872), der damit begann, die Auflage seiner Konkurrenzzeitung *New York Herald* mit Skandalen aus der „Gesellschaft“ in die Höhe zu treiben. Ein halbes Jahrhundert später stellte Joseph Pulitzer (1847–1911) sein verlegerisches Geschick und seinen journalistischen Spürsinn unter Beweis. Als er im Jahr 1883 die *New York World* kaufte, hatte diese eine Auflage von 15 000 Exemplaren. 15 Jahre später betrug sie über 1 Mio. Anfang des 20. Jh. gab es in den Vereinigten Staaten mehr als 2220 Tageszeitungen. In Deutschland erschienen um 1900 etwa 7000 Zeitungen, davon allein rund 4000 politische Blätter.

Krankheit und Heilung

Im 19. Jh. erzielte die medizinische Forschung beachtliche Fortschritte. Zu einer umfassenden Verbesserung des allgemeinen Gesundheitszustandes kam es zuvor schon durch eine bessere Ernährung der Bevölkerung und hygienischere Verhältnisse in den Häusern.

Das körperliche Wohlbefinden der Menschen in Nordamerika und Europa verbesserte sich im Lauf des 18. Jh. zusehends. Zunächst noch weniger aufgrund der Erfolge von Ärzten, sondern vor allem, weil einige Krankheitserreger bekämpft wurden. Indem man Sumpfgebiete trockenlegte, vernichtete man die Brutstätten der Anophelesmücke, die die Malaria verbreitet. Auch die Verbannung von Haustieren, die Krankheiten auf den Menschen übertragen können, aus den Wohnbereichen in Ställe brachte Fortschritte. So verminderte sich die Gefahr einer Ansteckung mit Tuberkulose, einer Erkrankung der Atemwege. Darüber hinaus sorgten Neuerungen in der Landwirtschaft für eine ausgewogenere und gesündere Ernährung der Menschen, so daß deren Widerstandskraft gegen Infektionen zunahm.

Krankenhäuser als Infektionsquelle

Zu Beginn des 18. Jh. hatten selbst die besten Ärzte, die aus berühmten medizinischen Fakultäten wie Leiden in den Niederlanden und Edinburgh in Schottland hervorgingen, noch immer keine Kenntnis von den Ursachen der meisten Krankheiten. Sie

Mittellose Patienten stehen bei einem Arzt in Frankreich Schlange. Viele Mediziner arbeiteten in ihrer Freizeit ohne Bezahlung.

ZEITZEUGNIS

Monsieur Bovary bei der Arbeit

Gustave Flaubert (1821–1880) gibt in seinem 1856 veröffentlichten Roman *Madame Bovary* eine lebendige Schilderung des kleinstädtischen Lebens in der französischen Provinz. Unter anderem erfährt der Leser auch etwas über die Arbeit des Arztes zu jener Zeit:

„Charles (Bovary) ging nach oben, um nach dem Patienten zu sehen. Er fand ihn im Bett, wo dieser unter der Zudecke schwitzte … ein untersetzter, kleiner Mann von etwa 50 Jahren, hellhäutig, mit blauen Augen, Stirnglatze und Ohrringen. Auf einem Stuhl neben ihm stand eine große Flasche Brandy, von der er regelmäßig trank, ‚um sich Mut zu machen'. Doch als er den Arzt erblickte, schlug seine Laune um, und anstatt zu fluchen wie in den letzten zwölf Stunden, fing er an zu wimmern.

Der Knochenbruch war einfach, ohne alle Komplikationen. Charles hätte nichts Leichteres erhoffen können. Er erinnerte sich an das Verhalten am Krankenbett, das sein Lehrmeister ihm beigebracht hatte, und tröstete den Verletzten mit verschiedenen heiteren Bemerkungen – Schmeicheleien des Chirurgen, sozusagen Öl für das Skalpell. Zum Schienen wurde ein Bündel Holzlatten aus dem Wagenschuppen geholt. Charles suchte eine heraus, schnitt sie in Stücke und glättete sie mit einer Glasscherbe, während das Dienstmädchen ein paar Bettücher zu Verbandszeug zerriß …

Es ging alles gut: der Patient erholte sich beispielhaft, und als man Rouault (so hieß der Patient) nach 46 Tagen seine ersten selbständigen Gehversuche auf dem Hof machen sah, galt Monsieur Bovary als höchst fähiger Mann …"

Ein Desinfektionsteam in England im Jahr 1877. Rasch erkannte die chemische Industrie, daß Maßnahmen für die Verbesserung der öffentlichen Hygiene ihre Absatzmöglichkeiten erhöhten.

betrachteten diese in der Regel vielmehr als Funktionsstörungen des Körpers, die man mit einer allgemeinen Behandlung wie Umstellung der Kost, Aderlaß, abführenden oder schweißtreibenden Mitteln beseitigen konnte – Methoden, die der Entschlackung des Körpers dienen sollten. Die gängigste Therapie war das Ansetzen von Blutegeln. Für kleine Kinder, die bereits von Fieber oder Ruhr geschwächt waren, erwies sich der Aderlaß aber oftmals als tödlich.

Doch es gab auch Zwänge, die ein Umdenken erforderlich machten. So brachte die Ausweitung des Seehandels ab dem 15. Jh. neue Krankheiten nach Europa, die das Vertrauen in althergebrachte medizinische Theorien erschütterten und Ärzte zu Experimenten veranlaßten. Wiederholte Ausbrüche der Pest führten schließlich zur Entwicklung strenger Quarantäneverfahren in den Mittelmeerländern.

Wiener Verbraucher suchen auf dem Markt nach frischen landwirtschaftlichen Produkten. Weiterverarbeitete Nahrungsmittel waren oft verfälscht.

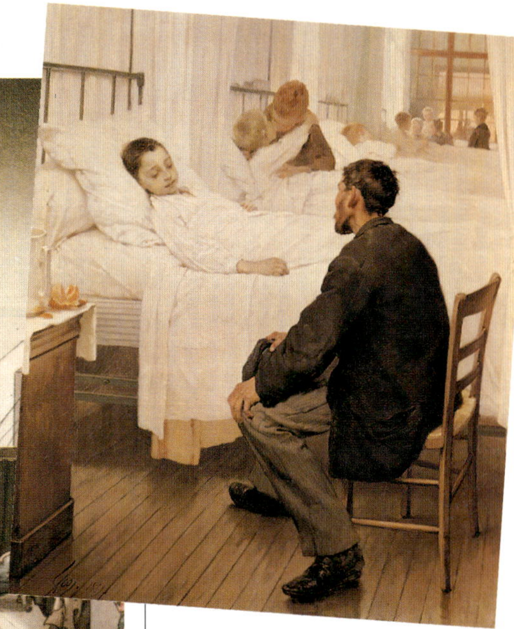

Besuchszeit in einem französischen Krankenhaus um 1880 (oben). Die Frauenstation im Londoner Middlesex-Krankenhaus im Jahr 1808 (links).

Bereits damals wurden europäische Patienten auch in Hospitälern, nicht nur zu Hause behandelt. So konnten die Ärzte verschiedene Leiden beobachten und nicht nur gelegentlich, sondern ständig am Patienten untersuchen. Zudem bot sich ihnen die Möglichkeit, Autopsien durchzuführen und ihr Wissen über die jeweilige Todesursache zu erweitern.

Andererseits waren Krankenhäuser gefährliche Infektionsquellen. Alfred Stille, Professor der Medizin an der Universität von Pennsylvania, erinnerte sich an den Gestank in der Kinderabteilung des Philadelphia Hospital, wo er als junger Mann um 1830 studierte: „Zusammengesetzt ist er aus dem Körpergeruch der meist lange Ungewaschenen, den Ausdünstungen, die der Verfall der Kranken und die Zersetzung ihrer Ausscheidungen verursachen, aus den alten oder verfaulenden Lebensmitteln, die heimlich gesammelt werden … und über allem … schwebt ein Odeur, das von den Tinkturen und Mixturen und Salben und Pflastern auf den Nachttischen der Patienten ausgeht."

Die Lüftung reichte selten aus, und die Überbelegung nahm teilweise groteske Züge an. Ein Besucher im Krankenhaus des New Yorker Stadtteils Harlem stellte noch 1899 fest, daß auf vielen Stationen zwei bis sechs Patienten auf dem Flur auf Segeltuchliegen lagen. Das Essen war schlecht und wurde in unhygienischen Küchen zubereitet, wo es von Ratten wimmelte. Erst wenige Menschen hatten Sinn für die Bedeutung von Hygiene.

Um eine Krankheit erkennen zu können, mußten sich die Ärzte zunächst fast ausschließlich auf ihre fünf Sinne verlassen. Noch im späten 19. Jh. fand die sogenannte Blitzdiagnose, die auf einer raschen Beobachtung äußerlicher Symptome beruhte, viel Bewunderung. Das erste verwendbare Stethoskop wurde 1819 hergestellt, und das Fieberthermometer kam ab 1866 in Gebrauch.

AUF DEM PRÜFSTAND

Frankreich war das erste Land, in dem Zahnärzte eine Art Handwerksprüfung ablegen mußten, bevor sie eine Praxis eröffneten – das war 1696. In Deutschland konnte man ab 1850 an der Universität Berlin Vorlesungen über Zahnmedizin hören.

Ein Bericht aus dem Jahr 1878 zeigt, mit welcher Methode man in der Irrenanstalt des Staates New Jersey normalerweise feststellte, ob ein Patient Epilepsie nur vortäuschte. Man besprengte ihn mit Alkohol und zündete ihn an. Wenn der epileptische Anfall anhielt, war dieser echt.

LIEFERANTEN FÜR MEDIZINISCHEN BEDARF

Die Nacht ist bewölkt und deshalb bestens für das Vorhaben geeignet. Ein dunkel gekleideter Mann nickt dem Wirt beim Verlassen des *Golden Boy Pub* kurz zu. Draußen hält er kurz inne und wirft sich einen Umhang um die Schultern. Wie auf ein Signal setzt sich ein Pferd mit Wagen geräuschvoll in Bewegung. Der Mann verschwindet eilig in eine andere Richtung.

Zwei Stunden später treffen sie sich vor dem verschlossenen Tor eines Friedhofs wieder. Pferdehufe und Wagenräder sind mit Lumpen umwickelt, und hinten im Karren hocken eine Frau und ein Junge. Mit einem Nachschlüssel, den sie durch Bestechung des Friedhofswärters erworben haben, verschaffen sich die Erwachsenen Zugang zum Friedhof. Die Frau führt den Mann und den Fahrer zu einem neuen Grab, von dem sie sofort die Kränze und Blumensträuße entfernt. Als gramgebeugte „Verwandte" hatte sie bei der Beerdigung am Nachmittag die Lage des Grabes ausgekundschaftet. Inzwischen haben die beiden Männer eine große Plane auf dem Boden ausgebreitet. Eine dritte, stämmige Gestalt mit einer Spitzhacke und zwei Spaten schleicht herbei und hilft dem Fahrer beim Graben, bis sie auf den Sarg stoßen.

Sie heben den Sargdeckel leise ab. Die Leiche wird mit Seilen herausgehoben und in einen Sack gepackt. Der stämmige Mann und der Fahrer transportieren sie über die rückwärtige Friedhofsmauer. Draußen wartet der Junge mit dem Karren. Nachdem die Leiche aufgeladen ist, fährt er weg. Das Grab wird schnell zugeschaufelt, und die Blumen gelangen wieder an ihren ursprünglichen Platz.

Dann verlassen die Grabräuber den Friedhof und schließen das Tor ab. Am Tag darauf wird sich der Mann nochmals in den *Golden Boy Pub* begeben und sich mit einem Medizinstudenten treffen. Sie steigen in einen kühlen Keller, wo auf mehreren Bänken der derzeitige „Lagerbestand" der Leichenhändler ausgestellt ist. Käufer und Verkäufer wissen genau, daß die Leichen schnell auf die Seziertische gelangen müssen, wenn sie von Nutzen sein sollen.

Einer der skrupellosen Grabräuber nimmt einen Schluck aus der Flasche, während seine Kollegen die Leiche betrachten.

Auch die Ausbildung der Ärzte ließ viel zu wünschen übrig. Im 19. Jh. wurden die meisten Mediziner nach Handwerkerart in einer für gewöhnlich dreijährigen Lehrzeit bei einem praktischen Arzt ausgebildet. Noch 1870 gestand der Dekan der medizinischen Fakultät der Universität von Harvard ein, es sei unmöglich, die Leistungen der Studenten in schriftlichen Examen zu prüfen, weil die meisten von ihnen „nicht gut genug schreiben können". Viele selbsternannte medizinische Bildungsstätten waren nichts als einträgliche Geschäfte, die nur ihren eigenen, zumeist miserablen Normen folgten.

QUALVOLLE CHIRURGIE

Lange Zeit mußten britische Chirurgen das Gesetz brechen, wenn sie sich in Anatomie weiterbilden wollten. Es gab weniger Leichen, die legal für eine Sezierung zur Verfügung standen, als benötigt wurden. Deshalb war es üblich, daß die medizinischen Fakultäten die Körper gerade Verstorbener von Grabräubern kauften. 1831 wurde ein Gesetz erlassen, dem zufolge mehr Leichen für Forschungszwecke genutzt werden konnten. Kurz zuvor hatte ein Anatomiedozent im King's College Hospital in London zwei Männer angezeigt, die ihm die Leiche eines vierzehnjährigen Jugendlichen zu verkaufen versucht hatten, von dem er argwöhnte, daß er keines natürlichen Todes gestorben war. Das britische Anatomiegesetz von 1832 sorgte dafür, daß die Körper von Verstorbenen aus den Armenhäusern zur Verfügung standen, was der Öffentlichkeit die Unkosten für so manches Armenbegräbnis ersparte.

Da es damals außer Alkohol oder opiumhaltigen Drogen keinerlei Betäubungsmittel gab, waren die besten Chirurgen diejenigen, die am schnellsten schnitten. Drei Minuten galten z. B. als gute Zeit für eine Beinamputation. James Syme (1799–1870), den man für den größten Chirurgen seiner Zeit hielt, nahm bei Professor George Wilson einen Fuß am Gelenk und nicht am Knie ab, wie es die meisten seiner Kollegen getan hätten. Die Operation führte zu einer geringeren Verstümmelung, verlängerte jedoch die Marter für den Patienten. Wilsons Dankbarkeit war zwiespältig: „Ein solches Leiden, wie ich es erdulden mußte, läßt sich nicht in Worte fassen … und glücklicherweise auch nicht ins Gedächtnis zurückrufen. Die Schmerzen sind inzwischen vergessen, der düstere Gefühlswirrwarr, der Schrecken großer Dunkelheit, das Gefühl, von Gott und der Welt verlassen zu sein, das mich an den Rand der Verzweiflung brachte, über meinen Geist hinwegrollte und mein Herz überwältigte, das alles werde ich – so gern ich es täte – nie vergessen."

Ohne antiseptische Verbände starben die meisten Patienten ohnehin nach größeren Operationen.

Um Arztkosten zu sparen, versuchten unzählige Kranke sich mit irgendwelchen vielversprechenden Mittelchen selbst zu kurieren.

Die Einführung von Narkosemitteln ab 1840 – zunächst Äther, dann Chloroform – halbierte die Zahl der Todesfälle nach Operationen von zwei Dritteln auf etwa 33 %. Den Patienten blieb das vom Schmerz verursachte Trauma erspart, und dadurch, daß sie ruhiggestellt waren, konnten die Chirurgen langsamer und genauer arbeiten.

Behandlung der Armen

Besonders in ländlichen Gebieten, wo es kaum eine medizinische Versorgung gab, war Selbstbehandlung an der Tagesordnung. Rezepte für althergebrachte Hausmittel aus Kräutern wurden von einer Generation an die nächste weitergegeben, und keineswegs nur bei den Armen. Amerika erwies sich als besonders fruchtbarer Nährboden für Heilpflanzenkenner. Jede Einwanderergruppe brachte ihr eigenes überliefertes Wissen mit – aus dem Rheinland, dem schottischen Hochland oder Irland –, das sich mit den Traditionen der Eingeborenen und der afrikanischen Sklaven mischte. Erst wenn alle volkstümlichen Therapien versagten, zog man einen Arzt hinzu.

Der Rückgang des Analphabetentums entpuppte sich als zweischneidiges Schwert, denn er förderte außer der Verbreitung von richtigen auch die von falschen Informationen. So konnten die Hersteller frei erhältlicher Medikamente Mitte des 19. Jh. ihre Produkte ohne medizinische Kontrolle auf Plakaten und in Zeitungen anpreisen. Parr's „Lebenspillen" etwa sollten sowohl bei Verstopfung als auch bei Durchfall wirksam sein.

Eine französische Karikatur macht sich über einen Arzt lustig, der von seiner ersten Begegnung mit einer sehr seltenen Krankheit fasziniert ist (rechts). Ein zwölfjähriges Mädchen mit dem Namen Ellen Hazard (unten) war das erste bekannte britische Opfer der verheerenden Choleraepidemie im Jahr 1831.

GEISSELN DER MENSCHHEIT

Die Cholera verbreitete lange Zeit Angst und Schrecken. Sie verlief meist tödlich und hatte fürchterliche Auswirkungen: Der massive Flüssigkeitsverlust, der die Haut welk und blauschwarz werden ließ, machte wohlgerundete, schöne Körper innerhalb von Stunden auf grauenvolle Weise unkenntlich. Und keine noch so strenge Quarantäne konnte die Ausbreitung der Krankheit verhindern. Die von Bengalen ausgehende Epidemie von 1826 wanderte über Indien, Persien, Rußland, Polen zur Ost- sowie Nordsee und erreichte 1831 die Hafenstadt Sunderland im Nordosten Englands. Von dort griff sie über Irland auf Kanada und die Vereinigten Staaten über und gelangte 1833 nach Mexiko. Allein in Großbritannien fielen ihr 60 000 Menschen zum Opfer mit der Folge, daß die ersten offiziellen Gesundheitsbehörden eingerichtet wurden. Eine zweite Epidemie im Jahr 1848 führte zu einer epochemachenden Untersuchung durch Dr. John Snow, den Anästhesisten von Königin Viktoria. Er erwies sich als medizinischer Detektiv, denn er fand heraus, daß eine gemeinschaftlich genutzte Wasserpumpe im Londoner Stadtteil Soho der Infektionsherd für etwa 500 dort lebende Menschen war. Damit stand fest, daß die Cholera durch verunreinigtes Wasser übertragen wurde.

Engagierte Sanitärreformer drängten auf den Bau moderner Kanalisationssysteme, in denen man die Abwässer mit Dampfkraft in regelmäßigen Abständen durch Keramikrohre spülen konnte, anstatt sie in gemauerten Zisternen zu sammeln, bis sie in Flüsse und Ströme überflossen, aus denen die Armen nach wie vor ihr Trinkwasser schöpften. New York folgte nach 1866 dem Beispiel Londons. Hamburg schloß sich erst 1892 an, nachdem bei einer Choleraepidemie mehr als 8500 Menschen gestorben waren. Im nächsten Jahr gab es endlich einen Choleraimpfstoff. Die Einrichtung einer leistungs-

TODESENGEL

Der amerikanische Präsident George Washington war ein rüstiger 67jähriger Mann, als er wegen einer Erkältung Ärzte konsultierte. Der Aderlaß, die Abführmittel und Umschläge, die sie ihm verordneten, kosteten ihn das Leben. Sein späterer Amtskollege James A. Garfield (1831 – 1881) starb, nachdem ein Chirurg mit nicht desinfizierten Händen eine Kugel entfernte, die bei einem Attentat auf den Präsidenten abgefeuert worden war.

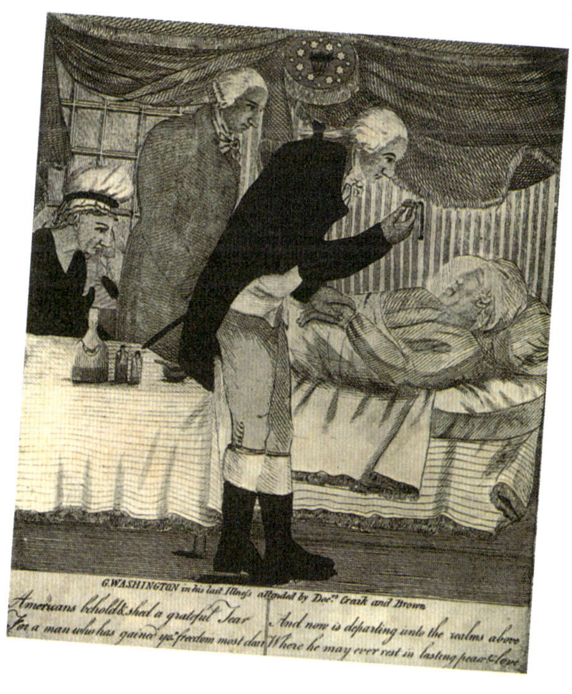

Die medizinische Betreuung, die George Washington kurz vor seinem Tod erfuhr, schadete ihm.

Die Chartisten versammeln sich, um dem britischen Parlament ihre Massenbittschrift vorzulegen (oben). Das Bild links wurde anläßlich des 50jährigen Bestehens der Gießerei Heckmann angefertigt.

Grenzen des Glaubens

Eine radikale Politik ging oft mit einer feindlichen Haltung zur Kirche einher. Trotzdem übte die Religion nach wie vor große Anziehungskraft auf Menschen aller Schichten aus. In den Vereinigten Staaten, in deren Verfassung ausdrücklich die Trennung von Kirche und Staat vorgesehen ist, zeigte das kirchliche Leben eine ungeheure Kraft, die europäische Besucher staunen ließ. So gab es gegen Ende des 19. Jh. schon über 150 Konfessionen und Sekten. Wanderprediger brachten die Glaubensinhalte der Bibel und Nachrichten aus der weiten Welt selbst in die entlegendsten Ortschaften und sogar zu isoliert liegenden Farmgehöften. Die Amerikaner nahmen zudem viele selbständige Gemeinschaften religiöser Flüchtlinge aus ganz Europa auf. Sogar völlig neue Glaubensrichtungen entstanden, etwa die der Mormonen, der Adventisten des Siebenten Tages, der Zeugen Jehovas und der Szientisten (Anhänger der Christlichen Wissenschaft).

Vor allem in gebildeten Gemeinden genossen die Geistlichen hohes Ansehen, wurden aber in der Regel schlecht bezahlt. In kleinen, besonders in neuen Städten spielten sie eine wichtige Rolle; sie arbeiteten unermüdlich in Ausschüssen mit und beschafften Gelder für Schulen

Unter den wachsamen Augen berittener Gendarmen demonstrieren französische Sozialisten 1896 zur Unterstützung von Streikenden.

und wohltätige Zwecke. Ebenso wie in Europa verloren die etablierten Kirchen jedoch in den entstehenden Großstädten an Boden. Statt dessen übten neuartige Initiativen wie der Christliche Verein Junger Männer (CVJM) und die Heilsarmee – beide ein „Import" aus Großbritannien – eine enorme Wirkung auf vom Schicksal benachteiligte Bewohner der Großstädte aus.

In Großbritannien wurde das Leben einiger beeindruckender Gestalten der damaligen Zeit von einer tiefen christlichen Überzeugung geprägt; etwa des Forschungsreisenden und Missionars David Livingstone (1813–1873), der Krankenschwester Florence Nightingale oder des Generals Charles George Gordon (1833–1885). Regelmäßiger Kirchenbesuch war ein wichtiges Merkmal der Achtbarkeit, doch als 1851 eine Erhebung darüber durchgeführt wurde, wie viele Leute zum Gottesdienst gingen, erfuhr die Nation zu ihrem Entsetzen, daß zwei Drittel der Bevölkerung überhaupt nie daran teilnahmen.

In Arbeitergebieten boten die Methodisten und andere Sekten fast immer Sonntagsschulen an. Diese vermittelten Kindern eine ergänzende Bildung und förderten auch Erwachsene. Viele Männer, die zunächst anhand der Bibel das Lesen gelernt hatten, predigten später auf der Kanzel und hielten schließlich Reden vor einer Versammlung von Mitgewerkschaftern.

HEISSBLÜTIGER ARBEITERSPRECHER

Der Politiker, Publizist und Sozialrevolutionär Ferdinand Lassalle (1825–1864), der im Jahr 1863 zum ersten Präsidenten des neugegründeten Allgemeinen Deutschen Arbeitervereins (ADAV) gewählt wurde, kam bereits im Alter von 39 Jahren ums Leben. Aber nicht bei einer politischen Auseinandersetzung – wie man vermuten könnte –, sondern er erlag einer Verletzung, die er sich in einem Duell um eine Geliebte zugezogen hatte.

Der Tod Lassalles ließ die Hoffnungen vieler Arbeitnehmer auf bessere Lebens- und Arbeitsbedingungen schwinden, hatten sie in dem Mann doch einen Vorkämpfer für ihre Rechte gesehen.

Kirche auf dem Prüfstein

Um das Jahr 1914 bekannten sich weit weniger Europäer zum Christentum als ein Jahrhundert zuvor. Das mag zum Teil auf die Fortschritte in der medizinischen Forschung zurückzuführen gewesen sein, die sich u.a. im Rückgang der Säuglingssterblichkeit bemerkbar machten. Allmählich kamen mehr und mehr Männer und Frauen zu der Überzeugung, daß es im Krankheitsfall allemal hilfreicher und dringlicher sei, zum Arzt zu gehen oder vielleicht ein entsprechendes Medikament einzunehmen, als im Gotteshaus zu beten. Nicht zuletzt als Folge dieser Abkehr vieler Gläubigen begannen die verschiedenen Kirchen einen intensiven Konkurrenzkampf um Anhänger. In katholischen Ländern beispielsweise förderten die Pfarrgemeinden Frauen- und Müttervereine, um dafür zu sorgen, daß die heranwachsende Generation dem Glauben ihrer Vorfahren treu blieb.

Der Versammlungssaal einer amerikanischen Stadtmission mit Gasbeleuchtung für abendliche Zusammenkünfte. Solche Missionen bemühten sich, die Unzulänglichkeiten der etablierten Kirchen gutzumachen.

Vom Schuhverkäufer zum Kirchengründer

Im Jahr 1860 gab Dwight L. Moody seine Stelle als Schuhverkäufer auf, um in Zusammenarbeit mit dem Christlichen Verein Junger Männer von Chicago durch die Gründung seiner eigenen Kirche den Slumbewohnern das Heil zu bringen. Mit dem Kirchenliedschreiber und Tenor Ira D. Sankey setzte er sich für den „Gospelgesang“ ein und unternahm vielbeachtete Reisen durch Großbritannien. In den Vereinigten Staaten brachten er und Sankey die Religion in die Städte – und zwar so erfolgreich, daß ihre Veranstaltungen einen Rückgang der Theatereinnahmen bewirkten. Moodys Predigten waren sensationell und schnörkellos: Die Bibel stellte er als buchstäblich wahr dar, und die Wiederkunft Christi stand unmittelbar bevor. Mit der ganzen Kraft seiner 127-kg-Statur brüllte er seinen Aufruf zum Glauben heraus.

Moodys „Massenerweckungen“ wurden von sympathisierenden Geschäftsleuten großzügig finanziell unterstützt. Er selbst spendete ebenfalls für wohltätige Zwecke.

An ihn erinnern ein Mädchenseminar und das Moody-Bibelinstitut in Chicago.

Moodys Bibelklasse aus Gassenjungen, die ihn bewunderten, begleitet ihn auf der Straße.

Der starke Glaube von früher wurde auch durch Fortschritte der Naturwissenschaft untergraben. Wenige Bewohner von Elendsvierteln hatten jemals etwas von Charles Darwin (1809–1882) und seinen Vorstellungen über die Entwicklung der Menschheit gehört. Dieser stellte die biblische Schöpfungsgeschichte in Frage, indem er seine Lehre von der Evolution entwickelte. Zeitungsredakteure, Ausbilder von Lehrern und Mitglieder von Stadträten besaßen zumindest Grundkenntnisse von Darwins Theorien. Weniger gebildete Menschen wurden dadurch zunächst nur verunsichert und wußten gar nicht mehr, was sie nun eigentlich glauben sollten.

Auf der anderen Seite kam es zu einer Wiederbelebung der Pilgerreisen. Der britische Baptistenprediger und Erfinder des Pauschalurlaubs Thomas Cook (1808–1892) erkannte schnell die Marktmöglichkeiten für Reisen nach dem Motto „Auf den Spuren des heiligen Paulus“. Deshalb bot er bereits um 1870 Fahrten ins Heilige Land an. Durch die Eisenbahnreisen wurde eine Reihe traditioneller katholischer Wallfahrtsorte mit neuem Leben erfüllt. Assisi erwies sich als Magnet für Katholiken wie für Protestanten. Erscheinungen Mariens oder anderer religiöser Gestalten, die in der Regel bei Kindern auftraten, schufen in La Salette und Lourdes in Frankreich, in Ilaca in Kroatien, in Philippsdorf in Böhmen und Knock in Irland neue Wallfahrtsstätten. Jedem dieser „Wunder“ traten die Geistlichen mit Vorsicht entgegen, während andere, unreligiöse Zeitgenossen die Erscheinungen zum Gegenstand ihres beißenden Spottes machten; beide Reaktionen aber gingen in dem überschwenglichen Beifall der Bevölkerung für die Wunder unter.

„Armenschwestern“ der Heilsarmee predigten in den Elendsvierteln britischer Städte das Evangelium, Hygiene und Mäßigung im Alkoholgenuß.

Leben in der Stadt

Um 1850 wiesen in der westlichen Welt nur London, Paris und New York eine Bevölkerung von über 1 Mio. Menschen auf. Etwa 50 Jahre später gab es bereits 16 Millionenstädte. Die sich ändernden Lebensformen brachten neue Möglichkeiten der Unterhaltung mit sich. Wettkampfsportarten, wie z. B. Fußball, wurden populär, und Varietés sowie Theater erlebten eine Blütezeit. Durch Eisenbahnen, Zeitungen und Werbung gelangten städtische Einflüsse auch in ländliche Regionen.

Städtischer Überlebenskampf

Die Expansion der Städte geriet zur Zeit der Industrialisierung oft außer Kontrolle. Alle Bemühungen, ihr Wachstum zu begrenzen oder dessen Folgen zu bewältigen, blieben erfolglos. So entsprachen Infrastruktur, öffentliche Hygiene und Polizeiwesen meist nicht den Bedürfnissen der Bewohner.

Besucher von Manchester, dem Zentrum der britischen Baumwollproduktion, schwankten zwischen Ehrfurcht und Verzweiflung angesichts dieser Stadt. Der Dichter Robert Southey z.B. meinte: „Man kann sich kaum einen Ort vorstellen, der über weniger Sehenswürdigkeiten verfügt als Manchester." Seine berühmten Fabriken erinnerten ihn an „Klöster, ohne deren Alter, ohne deren Schönheit, ohne deren Heiligkeit ... wo das Läuten der Glocken armselige Kreaturen nicht zum Gebet, sondern zur Arbeit ruft".

Der französische Politiker und Schriftsteller Charles Alexis de Tocqueville kam 1835 nach Manchester und war erschüttert über den Gestank und das Getöse: „Eine Art schwarzer Rauch hängt über der Stadt und läßt die Sonne nur als Scheibe ohne Strahlen erkennen. Unter dem dämmerigen Tageslicht sind 300000 Menschen unaufhörlich bei der Arbeit. Gnadenloser Lärm erfüllt dieses dunkle, feuchte Labyrinth, doch es sind keineswegs normale Großstadtgeräusche. Die Schritte der geschäf-

Aus unzähligen Fabrikschloten, hier an der Saar, quillt dichter Rauch und verdüstert den Himmel. Die Luftverschmutzung war so stark, daß sie sich auch in der ländlichen Umgebung ausbreitete.

Müllmänner bei der Arbeit im Londoner East End um 1890. Die Verbesserung der hygienischen Verhältnisse stand bei den Stadtverwaltungen an erster Stelle.

tigen Menschenmenge, die knirschenden Räder der Maschinen, das schrille Pfeifen, wenn Dampf aus den Kesseln zischt, das gleichmäßige Klappern der Webstühle, das Rumpeln von Karren – das sind die Geräusche, denen in diesen düsteren Straßen niemand entrinnen kann." Es fehlten dagegen die Klänge und Anblicke, die für einen kultivierten Franzosen das Wesen eines anspruchsvollen Stadtlebens ausmachten: „Das Klappern der Hufe, wenn ein Reicher mit der Kutsche nach Hause fährt ... fröhliche Rufe von Menschen, die sich amüsieren ... Musik, die einen Feiertag einleitet ... elegante Menschen, die ohne Hast durch die Straßen schlendern."

Doch Manchester stand, wie auch Tocqueville wußte, als Symbol für eine neue Ära. Friedrich Engels (1820–1895), Sohn eines Fabrikbesitzers und Freund von Karl Marx, notierte einen Vorfall, der dies aufzeigt: „Einmal fuhr ich mit einem Bourgeois nach Manchester und redete mit ihm über die ungesunde Bauweise, die grauenvollen Lebensbedingungen in den Arbeitervierteln und äußerte, daß ich noch nie eine so schlechtgebaute Stadt gesehen hätte. Der Mann hörte mir gelassen zu, und an der Ecke, an der wir uns verabschiedeten, meinte er: ‚Und trotzdem wird hier eine Menge Geld verdient. Guten Morgen!' "

ZEITZEUGNIS

Vereinsleben und Clubwesen im Auftrieb

Die britische Zeitung *Morning Chronicle* gab in den Jahren von 1849–51 einen Überblick über das Leben der Arbeiter- und Mittelschicht. Demnach war es den Menschen im Gebiet von Birmingham zu einer Art Modeerscheinung geworden, „sich zum gegenseitigen Nutzen zusammenzuschließen":

„Wer durch die Straßen spaziert und sich die Plakate an den Wänden oder die Aushänge in Gaststätten, Caféhäusern und Schaufenstern betrachtet, kann auf einen Blick erkennen, wie stark sich das Clubwesen schon auf die Neigungen der Menschen auswirkt ... Der Familienvater gehört einer Berufsvereinigung oder den Odd Fellows (einem freimaurerähnlichen Wohltätigkeitsverein), dem Uhren- und Siegelclub oder dem Ausflugsverein an. Die Mutter ist Mitglied eines Vereins für ärztliche Betreuung, des Kohlen- und Koksvereins, eines Mehl-, Schal- oder Seidenkleidclubs, im Dezember auch eines Weihnachtspuddingclubs ... Und die Kinder tragen, wenn sie noch zur Schule gehen, ihr vierzehntägliches Scherflein zu einem Kranken- oder auch Kleidungsverein bei. Arbeiten sie bereits in einer Fabrik, so leisten sie einen bestimmten Beitrag für den Club des Betriebes ... Einer der neuesten Arbeitervereine soll es Mitgliedern ermöglichen, die ... Weltausstellung in London zu besuchen."

Während Pittsburgh (oben links) 1874 noch einen völlig ländlichen Charakter aufwies, lagen die äußerst belebten Straßen Chicagos (oben) 1890 bereits im Schatten von hoch aufragenden Gebäuden.

Manchester regte Marx und Engels zu der Vision einer verheerenden Zukunft an, einer Vision, die sich durch das gesamte *Kommunistische Manifest* zieht, das 1848 erstmals erschien. Damals waren in Manchester jedoch bereits Aktionen zur Rettung der Stadt in Gang. So wurden 1846 drei öffentliche Parks errichtet und 1847 das Wasserversorgungsnetz erweitert. 1856 eröffnete man die *Free Trade Hall*, die Freihandelshalle, deren Name die grundlegende Wirtschaftsphilosophie der Stadt zum Ausdruck brachte: weltweiten Handel ohne Einschränkungen durch Schutzzölle oder Vergleichbares. Die Halle wurde bald bekannt für ihr großes Sinfonieorchester, die Schöpfung des aus Deutschland stammenden Dirigenten Sir Charles Hallé. Und 1877 erfolgte die Fertigstellung des Rathauses, dessen Große Halle mit Wandbildern geschmückt ist, die den Aufstieg der Stadt darstellen. Ein halbes Jahrhundert nach dem Besuch von Tocqueville hatte Manchester somit das äußere Zubehör städtischer Kultur erworben.

Der Schock des Neuen: Amerika

Das ungeheure Wachstum von Manchester hatte mit dem frühen Industriezeitalter eingesetzt. Ursache dafür war vor allem das ausgedehnte Flußnetz, das die nötige Energie für die erste Generation von Textilmaschinen und später Wasser für die Kessel der dampfgetriebenen Maschinen lieferte. Als Siedlung jedoch stammt die Stadt bereits aus der römischen Zeit. Andere Großstädte hingegen wuchsen sehr schnell buchstäblich aus dem Nichts empor, wie z. B. Chicago in den Vereinigten Staaten. 1830 lebten dort rund 50 Menschen. Ungefähr 60 Jahre später hatte Chicago eine Bevölkerung von über 1 Mio. und war die zweitgrößte Stadt des amerikanischen Kontinents.

Chicago verdankte seine zunehmende Größe nicht Rohstoffen, sondern seiner geographischen Lage. Es befand sich an einem Ende der kürzesten Route zwischen den Großen Seen und dem Mississippi, und sein Hafen bot eine willkommene Zuflucht vor den Stürmen des Michigansees. Seit 1852 bestand eine Eisenbahnverbindung nach New York, und nach weiteren vier Jahren war die Stadt der Knotenpunkt eines Netzes von zehn Bahnlinien, die den Handel mit den neubesiedelten und zunehmend produktiven Farmgebieten des Mittleren Westens erleichterten.

Nachdem 1871 ein Brand Chicago verwüstet hatte, erstellten die Behörden einen Plan zur Verbindung von Parks und wichtigen Straßen. Die 60–120 m breiten Boulevards hatten eine Fahrbahn für Wagen in der Mitte und parallel dazu an den Seiten verlaufende Reitpfade; 1881 zählte man

TÖDLICHE GEFAHREN DES FORTSCHRITTS

In Deutschland kamen im Jahr 1900 auf 100 Mio. Bahnreisende zehn, die tödlich verunglückten. In Großbritannien lag der Anteil bei 15 und in der Schweiz bei 20 Todesfällen. An der Spitze dieser Bilanz standen im selben Jahr die Vereinigten Staaten. Dort starben 45 von 100 Mio. Fahrgästen der Eisenbahn an den Folgen von Unglücksfällen.

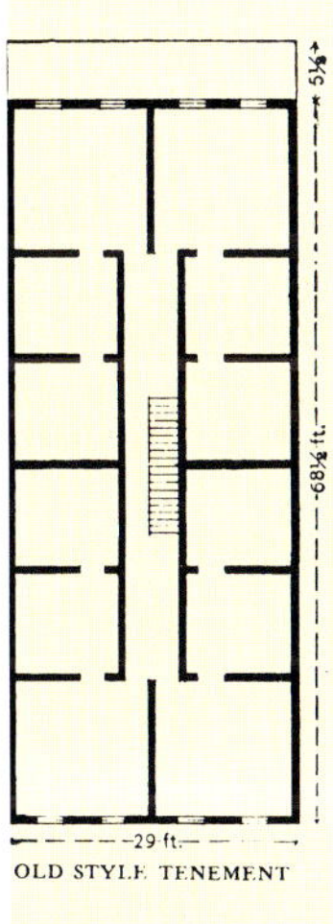

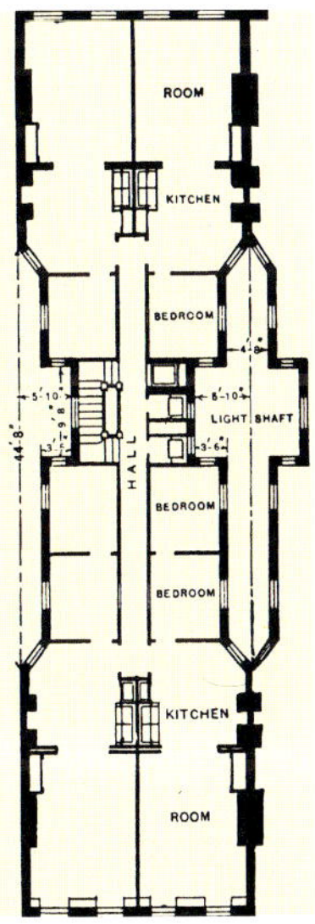

Einige Mietshäuser in New York besaßen schöne Fassaden (ganz links). Zwei Grundrisse zeigen die Auswirkungen strengerer Bauvorschriften. Seit 1880 mußten in neuen Mietshäusern die Räume, die nach innen lagen, Fenster zu einem Lichthof haben.

an einem einzigen Sonntagnachmittag nicht weniger als 4700 Kutschen, die auf dem Grand Boulevard nach Süden fuhren. In dem Jahrzehnt seines Wiederaufbaus machte sich Chicago seine Lage als Knotenpunkt im Verkehrsnetz der Nation zunutze und wurde Standort des ersten großen Versandhauses der Welt, Montgomery Ward & Co.; 1876 enthielt dessen Katalog schon 3899 Artikel – vom Grabstein bis zur Babykleidung.

James Bryce, später britischer Botschafter in Washington, hielt das Chicago der 80er Jahre des 19. Jh. für „die vielleicht typischste amerikanische Stadt in Amerika". Das war eine äußerst diplomatische Beurteilung, denn die meisten britischen Besucher mochten die Stadt nicht. Der Romancier Robert Louis Stevenson (1850–1894) fand sie „groß und düster", und der Schriftsteller Rudyard Kipling (1865–1936) haßte sie: „Nachdem ich sie gesehen habe, verspüre ich den dringenden Wunsch, sie nie wieder zu sehen. Sie ist von Wilden bewohnt ... " Dagegen fand sein amerikanischer Kollege Mark Twain (1835–1910) Chicago anregend und warnte: „Für den gelegentlichen Besucher ist es ein hoffnungsloses Unterfangen, mit Chicago Schritt zu halten – noch bevor er seine Vorhersagen machen kann, hat die Stadt sie schon übertroffen."

Auch in anderen Städten des Mittleren Westens machte sich um 1880 eine vergleichbare Dynamik bemerkbar. Detroit, Milwaukee, Columbus und Cleveland wuchsen zusehends. 1890 lagen zwölf der 50 größten amerikanischen Städte im Mittleren Westen – ein auffallender Gegensatz zum Anfang des 19. Jh., als sich alle größeren Städte, wie z. B. New York, Boston, Philadelphia, Charleston, Baltimore und New Orleans, am Atlantik befanden.

AUFSTIEG UND FALL

Zwischen 1870 und 1906 brannten vier große amerikanische Städte nieder – Chicago, Boston, Baltimore und – als Folge eines Erdbebens – San Francisco. Dieser Rekord war beispiellos in der Welt. Allein in Boston verursachten Brände jedes Jahr einen Schaden, der zehnmal höher lag als in einer europäischen Stadt von vergleichbarer Größe.

1851 hatte die Bevölkerung von Paris die Millionengrenze überschritten. Somit lebten dort mehr Menschen als in den neun nächstgrößten französischen Städten zusammen.

Vielvölkerstadt mit Wolkenkratzern

Auch in seiner ethnischen Zusammensetzung war Chicago typisch für amerikanische Städte. Obwohl skandinavische Einwanderer im allgemeinen das Farmleben der Stadt vorzogen, arbeiteten 1890 etwa 70 000 von ihnen in Chicago: die Männer schlachteten Schweine oder bauten Getreidemähmaschinen, und die Frauen lernten als Hausmädchen Englisch. Noch mehr Einwohner kamen ursprünglich aus Deutschland. Sie taten sich in der Schlosserei, Lithographie, Fotografie und Schneiderei hervor. Die Deutschen wiederum waren zahlen-

Stadtsanierungen, z. B. in Paris (oben), zerstörten Elendsviertel, deren Bewohner keine neuen Wohnungen erhielten. Sie suchten, wie hier in Deutschland (rechts), Zuflucht in Übernachtungsheimen.

Der St.-Pancras-Bahnhof in London, erbaut in den 60er Jahren des 19. Jh., galt als die Stahlbauhalle mit der größten Spannweite der Welt (links). New Yorker Karikaturisten spotten über die für eine Erfrischung viel zu kurzen Zwischenaufenthalte der Züge (oben).

mäßig den Iren und den Auswanderern aus Süd- und Osteuropa, den Italienern sowie Juden aus Polen und Rußland unterlegen. Die Neuankömmlinge wohnten gern beieinander und bildeten so Inseln gutnachbarlicher Freundschaft in einem Meer von Gleichgültigkeit oder gar Feindseligkeit. Mit einer Fülle eigener Läden und Zeitungen erwiesen sich die verschiedenen Gemeinschaften als so selbständig, daß zunächst viele Kinder nicht als Amerikaner der ersten Generation, sondern vielmehr als eine zweite Generation von Einwanderern aufwuchsen.

Chicago gilt auch als Geburtsort der Wolkenkratzer. 1891 war das *American Standard Dictionary* das erste Wörterbuch, das den neuen Begriff enthielt. Er wurde definiert als „sehr hohes Gebäude, wie sie derzeit in Chicago entstehen". Die Häuser mit ihrem Stahlskelett, den Sicherheitsaufzügen und internen Telefonnetzen waren mit 12 bis 16 Stockwerken eher bescheiden im Vergleich zum späteren Standard.

New York, wo die Büromieten viermal so hoch lagen, überholte die bahnbrechende Bautätigkeit Chicagos schnell und verschmähte den schnörkellosen, sparsamen „Chicago-Stil" zugunsten von Türmen, Kuppeln und Säulen. Bezeichnend für das Prestige, das man mit Gebäuden verband, ist folgende Begebenheit: 1911 befürchtete der Bauunternehmer, der das Kaufhaus Woolworth errichten sollte, daß es sich wirtschaftlich wohl nie lohnen werde. „Aber Mr. Woolworth versicherte mir, daß ein gewaltiger, verborgener Gewinn jeden Verlust wettmachen würde … Das Gebäude solle wie eine gigantische Reklametafel wirken, die weltweit für seine wachsende Kette von Einheitspreisläden Werbung mache."

Mauern müssen fallen

Im Gegensatz zu den USA ging in Europa das Wachstum vieler Städte wie Essen, Lille, Prag und Marseille von einem alten Stadtkern aus, obwohl das nicht unbedingt bedeutete, daß auch dieser größer wurde. So nahm z. B. die Bevölkerung der City of London, des ältesten Teils der Stadt, im Lauf des 19. Jh. um mehr als zwei Drittel ab.

Die räumliche Ausdehnung der Städte wurde oft durch die Zerstörung alter Barrieren erleichtert. In London verschwanden im 18. Jh. die Stadttore; Brüssel und Antwerpen schleiften im 19. Jh. ihre Stadtmauern. Auch in Wien riß man diese 1857 nieder, um Platz für die breite Prachtstraße zu schaffen, die sich bald ringförmig um die mittelalterliche Stadt zog. So erfolgte 1865 etwa die Freigabe der

Ringstraße, die 55 m breit, über 3,2 km lang, von Bäumen gesäumt und mit Gaslaternen beleuchtet war. Sie bildete eine ansehnliche Kulisse für eine Reihe größerer öffentlicher Bauwerke in einem architektonischen Stilgemisch – Oper und Universität im Stil der Neurenaissance, ein gotisches Rathaus und ein klassizistisches Parlament.

Wien dehnte sich im 19. Jh. um das Achtfache aus und übertraf damit alle anderen österreichischen Städte bei weitem. Ähnliche Wachstumsraten erreichten Brüssel, Berlin, Madrid, Rom, Kopenhagen und Stockholm. Doch die Stadt mit der spektakulärsten Expansion war Budapest, das 1900 16mal so groß war wie ein Jahrhundert zuvor. Der Bau einer prachtvollen Brücke über die Donau ermöglichte es, daß sich das bergige Buda mit seinen zahlreichen schönen Palästen und Kirchen über die flache, konturlose Ebene bis nach Pest ausbreitete, das sich bald zum Industrie-, Handels- und Arbeiterviertel entwickelte.

Die erste elektrische Schwebebahn der Welt verkehrt seit 1901 zwischen Elberfeld und Barmen, heute Wuppertal (links). In einem Pariser Omnibus, der von Pferden gezogen wird, sitzen Arbeiterinnen neben wohlsituierten Bürgern (unten).

ZEITZEUGNIS

Wie man in Liverpool Seeleute ausnahm

Der Kapitän eines New Yorker Passagierschiffs schilderte um 1850, wie seine Besatzung aufgrund der strengen Hafenbestimmungen von Liverpool skrupellosen Einheimischen ausgeliefert war:

„In London gibt es kein Gesetz, das den Gebrauch von Feuer und Licht an Bord der am Landungsplatz liegenden Schiffe verbietet. Deshalb leben die Kapitäne und Besatzungen ausländischer Schiffe an Bord mit allen gewohnten Bequemlichkeiten ... Durch dieses System hat der Kapitän seine Besatzung vollständig unter Kontrolle ... Dagegen gehen uns in Liverpool in nicht einmal drei Tagen im Hafen meistens zwei Drittel der Besatzung verloren. Ich finde es einfach unmöglich, überhaupt zu versuchen, die Männer nachts ohne Feuer oder Licht an Bord zu behalten ... Auf dem Weg zu ihren Pensionen müssen sie die sittenlosesten und verrufensten Stadtteile durchqueren ... Scharen von Prostituierten und anderen üblen Charakteren lauern ihnen auf. Die Seeleute können den Versuchungen kaum widerstehen ... Oftmals haben sie nicht nur ihr ganzes Geld in Spelunken und Bordellen ausgegeben oder sind beraubt worden, sondern sie haben auch das letzte Kleidungsstück, das sie besaßen, versetzt ... Für die Arbeit teilen sich dann oft 15–20 Männer eine Jacke und ein Paar Handschuhe."

Im britischen Sunderland sind 1850 alle Bewohner der Stadt – vom Kleinkind bis zum Greis – auf den Beinen, um die Eröffnung der neuen Hafenanlage persönlich mitzuerleben.

Isambard Kingdom Brunels Schiff *Great Eastern*, das 1858 vom Stapel lief, war das bis dahin größte seiner Art. Danach wurden an der Themse keine Schiffe mit derart riesigen Ausmaßen mehr gebaut.

Zu der raschen Ausdehnung der Städte trugen verschiedene Faktoren bei: Konserven und nach 1880 auch Kühlmöglichkeiten für Lebensmittel in Verbindung mit einer verbesserten Infrastruktur erlaubten es den Stadtbewohnern, ihren Bedarf an Nahrungsmitteln aus der ganzen Welt zu beziehen statt nur aus dem Umland. Folglich fand die traditionelle Abhängigkeit der Stadt von der näheren ländlichen Umgebung ein Ende, und die Gegensätze zwischen beiden wurden immer größer. Billiges Eisen, Stahl, Beton und Glas veränderten die Lebens- und Arbeitsbedingungen der Stadtbewohner. Und so führten Zentralheizung, Aufzüge, Einkaufspassagen, Wohnblocks, Bürobauten und Fußgängerunterführungen der Landbevölkerung vor Augen, wie groß die Kluft zwischen ihnen und den Stadtbewohnern inzwischen geworden war.

Verbrechensbekämpfung

Die Menschen flüchteten vom Land in die Städte, weil sie Arbeit suchten. Wer keinen Erfolg dabei hatte, bettelte, wühlte im Unrat nach Nahrung, stahl oder prostituierte sich. Das Elend wuchs und damit auch die Kriminalitätsrate. So entstanden im Verlauf

Goldene Stadt mit glitzernder Zukunft

Die Halle, in der 1879 die Internationale Ausstellung von Melbourne stattfand, stand europäischen Maßstäben, was die Größe, architektonische Gestaltung und prachtvolle Ausstattung anbetrifft, in nichts nach.

Die Industrie ließ neue Städte dort entstehen, wo es Rohstoffe gab und wo die fertigen Produkte Absatz fanden. Australien, eine halbe Weltreise von der Wiege der industriellen Revolution entfernt, versorgte Großbritannien mit Wolle, Weizen, Fleisch – und Gold. Der Reichtum, der durch diesen Handel in Australien angehäuft wurde, trug zum Bau von Städten bei, die – anders als ihresgleichen im industrialisierten Norden Großbritanniens – Muster an Eleganz und fortschrittlicher Lebensart darstellten.

Die ersten Siedler kamen 1835 nach Melbourne, und bereits 1851 war die Zukunft der Stadt gesichert, als man im knapp 100 km entfernten Ballarat erstmals Gold entdeckte. Und in den nächsten 15 Jahren erbrachten die Goldfelder in Victoria schon ein Drittel der Weltproduktion dieses Edelmetalls. Zunächst verließ die Bevölkerung Melbourne, um selbst am Goldrausch teilzuhaben. Der Vizegouverneur schrieb verwundert an den britischen Kolonialminister: „Kleine Häuschen stehen leer, Gebäude sind zu vermieten, das Geschäftsleben ist zum Erliegen gekommen ... In einigen Vororten blieb kein einziger Mann zurück." Und der Leiter eines Kaufhauses notierte: „Die Menschen scheinen ihres Verstandes beraubt zu sein ... Beamte und Schutzleute, Pfarrer und Priester, Kaufleute und Büroangestellte ... alle eilen zu den Orten, wo geschürft wird." Nachdem sie fündig geworden waren, kehrten sie zurück. So profitierte auch Melbourne und schließlich ganz Australien von dem vielen Geld, das durch das Gold erwirtschaftet wurde. Die britischen Exporte nach Australien stiegen in kurzer Zeit um 500%, und innerhalb eines Jahrzehnts verdreifachte sich die Bevölkerung des Landes.

Um 1860 erreichte Melbourne eine Einwohnerzahl von 140000; es besaß breite Straßen, reizvolle Parks, botanische Gärten, eine Universität und eine Oper mit 4000 Sitzplätzen. 1879 gab die Stadt Unsummen für die Veranstaltung einer Weltausstellung aus, bei der 30000 Exponate gezeigt wurden.

des 19. Jh. hitzige Debatten über die Frage, ob Menschen schon als Verbrecher geboren oder erst dazu erzogen werden. Einen Nachweis für die erste These sollte ein Aufsatz erbringen, der 1869 auf der Jahresversammlung der Britischen Vereinigung zur Förderung der Wissenschaft vorgetragen wurde. Daraus ging hervor, daß die Schädel gewohnheitsmäßiger Verbrecher angeblich unterdurchschnittlich klein seien. Einige Wissenschaftler glaubten gar, es gebe nicht nur eine kriminelle Persönlich-

Vor der Gründung der Londoner Polizei im Jahr 1829 oblag es den Nachtwächtern, die vielfach alt oder invalide waren, für die Sicherheit in den Straßen der Stadt zu sorgen.

keit, sondern auch ein kriminelles Gesicht, in dem sich moralische Verworfenheit in der Linie des Mundes oder im Blick verrate.

Ob es nun einen erkennbar kriminellen Menschentyp gab oder nicht – ständig nahm die Zahl an Verbrechen in den Städten zu. Man versuchte Abhilfe zu schaffen, indem die Machtbefugnisse der Polizeitruppen erweitert wurden. Durch die verschärften Maßnahmen kam es in den Gefängnissen schon bald zu Platzmangel.

Bis zum industriellen Zeitalter wurden Betrunkene bis zur Ausnüchterung im Gefängnis eingesperrt. Schuldner behielt man bis zur Zahlung in Haft und Angeklagte, bis man sie dem Richter vorführen konnte. In der Regel erhielten nur politische Straftäter längere Gefängnisstrafen. Die meisten anderen Übeltäter mußten Geldbußen, Demütigungen oder Peitschenhiebe hinnehmen, in schlimmen Fällen wurde auch die Todesstrafe verhängt. Trotz der Verfassungsbestimmungen gegen „grausame und ungewöhnliche Bestrafungen" nahmen diese in den Vereinigten

Familien kampieren um 1890 in einem New Yorker Polizeirevier. Sie sind so arm, daß sie nicht einmal das geringe Entgelt für ein Bett in der Eingangshalle einer Pension aufbringen können.

In einer Straße in einem Londoner Elendsviertel sitzen Frauen und Kinder am Boden, Wäsche hängt zum Trocknen auf der Leine, und Hühner scharren im Schmutz. Die Aufnahme entstand im Jahr 1889.

Staaten nur langsam ab. Ein Fälscher wurde 1801 in Salem in Massachusetts an den Pranger gestellt, und man schnitt ihm die Ohren ab; der Bundesstaat Georgia ließ 1817 ein zänkisches Weib ins Wasser tauchen.

Je mehr Erfolge die Polizeitruppen bei der Verbrecherjagd verzeichneten, desto größere Schwierigkeiten gab es, die Übeltäter zu überführen und zu verurteilen. In England, wo zur Zeit der Regentschaft Georges IV. (1762–1830) auf rund 200 Verbrechen die Todesstrafe stand, zögerten die Geschworenen zunehmend, einen Schuldspruch zu fällen. Um 1750 wurden noch zwei Drittel der Bewohner Londons, die zum Tod verurteilt waren, hingerichtet, doch bereits ein halbes Jahrhundert später war der Anteil auf weniger als 33% gesunken.

Demzufolge nahm die Zahl der Häftlinge in den Haftanstalten zu. Die Gefangenen, die man isolierte und strengen Regeln unterwarf, mußten sich der vorgegebenen Arbeitsethik anpassen, indem sie Werg zupften oder in einer Tretmühle liefen. Gefängnisse erachtete man als Lösung für ein Problem, das die meisten Zeitgenossen als ein vorwiegend städtisches betrachteten. In der Stadt fielen Verbrechen stärker auf als auf dem Land, zumal sie meist besser organisiert waren. Fagins Jugendbande in dem Roman *Oliver Twist* von Charles Dickens stellte zwar ein Phantasieprodukt dar, aber die Wirklichkeit bot genügend Vorlagen für das Buch. Um 1840 wurde in England fast die Hälfte aller Verbrechen von dem Fünftel der Bevölkerung begangen, das sich im Alter von 15–24 Jahren befand. Als erste Insassen kamen 102 Jungen unter 18 Jahren – die meisten aus London – in die Besserungsanstalt von Parkhurst, die 1838 auf der Insel Wight eingerichtet wurde.

Rechts: Um einen Sarg versammelt, singen verurteilte Schwerverbrecher im Gefängnis von Newgate in London Kirchenlieder, bevor sie gehenkt werden. Unten: Almosenempfängerinnen in einer Londoner Besserungsanstalt.

Zum Verrücktwerden

Im frühen 19. Jh. nahmen die Vereinigten Staaten eine führende Rolle in der Entwicklung von Haftmethoden ein. Es gab z. B. das „Pennsylvania-System", eine Form der Einzelhaft, kombiniert mit Zwangsarbeit. Und das „New-York-System" bedeutete, daß die Gefangenen miteinander arbeiteten, dabei aber jederzeit völliges Stillschweigen bewahren mußten. In der Musterstrafanstalt von Auburn waren die Zellen knapp über 2 m hoch und halb so breit; die Belüftung erfolgte von oben, Außenfenster fehlten völlig. Manche Gefängnisvorschriften besagten, daß die Insassen Masken tragen mußten, so daß sie einander nicht erkennen konnten. In speziellen Räumen durften sie am Gottesdienst teilnehmen, da aber die Sitze streng abgeteilt waren, blieb keine Möglichkeit, sich untereinander zu verständigen. Briefe oder Besuche von Angehörigen wurden nicht zugelassen, und außer der Bibel gab es weder Zeitungen noch Bücher.

Später milderte man diese strengen Regeln ab, denn sie trieben viele Häftlinge fast in den Wahnsinn. Ab der zweiten Hälfte des 19. Jh. gelangten die Amerikaner ohnehin zu der Ansicht, daß sie ihre Inhaftierungssysteme überdenken sollten, weil z. B. in vielen Staaten bestechliche Politiker die Stellenbesetzung des Gefängnispersonals kontrollierten. Unter dem Einfluß britischer Vorbilder entwickelten sich die Gefängnisse allmählich von Stätten der Vergeltung zu Besserungsanstalten.

Inzwischen sank in Großbritannien die Zahl der registrierten Verbrechen, obwohl die Liste strafbarer Handlungen ständig erweitert wurde. Zu den neuen Delikten zählten: ein Kind nicht zur Schule zu schicken (1876), den Lebensunterhalt durch unmoralische Einkünfte zu bestreiten (1884), Theaterauftritte von Kindern (1888), Wetten außerhalb der Rennbahn (1906), der Verkauf von Alkohol an Minderjährige (1908). Kurz vor dem Ersten Weltkrieg saßen 25% der ins Gefängnis eingewiesenen männlichen Jugendlichen von London zwischen 16 und 21 Jahren vergleichsweise milde siebentägige Strafen ab, und zwar für Vergehen wie Trunkenheit, obszöne Sprache, im Freien zu übernachten oder ohne Beleuchtung Rad zu fahren.

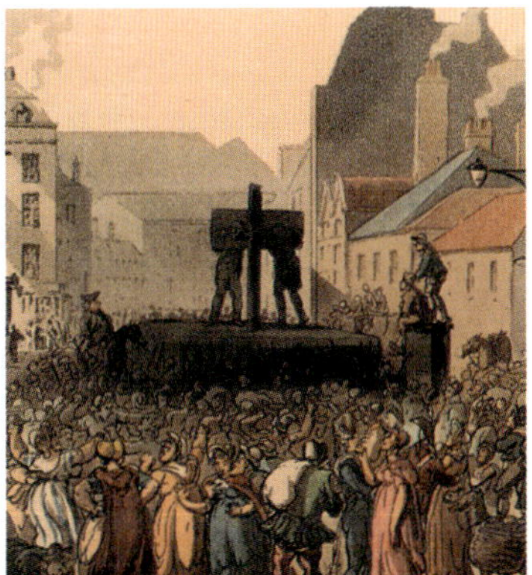

In England wurde 1830 letztmals ein Verbrecher an den Pranger gestellt. Der Staat Delaware in den USA behielt diese Strafe bis 1905 bei.

Der Triumph von Tamar

Die gewaltigen Pfeiler der unvollendeten Brücke von Tamar, die für die Great Western Eisenbahn die Verbindung nach Cornwall schaffen sollte, lassen das Dorf Saltash im Westen Englands klein erscheinen. Rechts sieht man, wie der letzte Brückenbogen, der auf Schiffen liegt, an seinen Standort manövriert wird. Der Ingenieur Isambard Kingdom Brunel benötigte für diese Brücke einen mittleren Brückenpfeiler im tiefen Wasser, der zwei Bögen von jeweils 142 m Länge und einem Gewicht von 1000 t tragen sollte. Allein der Bau des Pfeilers nahm 30 Monate in Anspruch. Am 1. September 1857 befehligte Brunel, der seine Anweisungen vorzugsweise mit Hilfe von Signalflaggen gab, eine ganze Armee von Männern, um den ersten Bogen in Position zu bringen. Er paßte bis auf 3 mm genau.

Im Mai 1859 eröffnete Königin Viktorias (1819–1901) Ehegatte, Prinzgemahl Albert (1819–1861), die Brücke und nannte sie Royal Albert Bridge. Brunel starb noch in demselben Jahr.

In London ließ sich der Maler William Nicholson (1872–1949) – hier zusammen mit seiner Frau Mabel Pryde und seinen Kindern – in einem komfortablen, wohlgeordneten Zimmer porträtieren.

tinnen zu; Schullehrerinnen waren sogar gezwungen, mit der Heirat ihren Beruf aufzugeben, oder sie mußten ledig bleiben.

Liebe statt Autorität

In der vorindustriellen Zeit hatte man die Familie als Abbild der Gesellschaft gepriesen – sie verkörperte gleichzeitig Staat, Kirche und Schule im Kleinformat unter der Leitung des Vaters, der sozusagen als König, Priester und Lehrer fungierte. Es war eine Welt auf der Grundlage von Pflicht und Autorität. Im Verlauf des 18. Jh. jedoch setzte sich die Ansicht durch, Familienbeziehungen sollten auf gegenseitiger Zuneigung beruhen. Einige englische Schriftsteller verspotteten gestrenge Väter und sorgten in ihren Romanen für einen Triumph der „wahren Liebe". So ist in Henry Fieldings Werk *Tom Jones* zu lesen: „Liebe ist die einzige Grundlage des Glücks in der Ehe, nur sie kann die große, zärtliche Freundschaft hervorbringen, die eine Verbindung stets festigen sollte."

Ein Überblick über amerikanische Zeitschriften, die zwischen 1750 und 1780 erschienen, zeigt, daß schon mindestens ein Viertel einen Hinweis auf romantische Liebe enthielt; in den darauffolgenden 20 Jahren verdreifachte sich die Zahl solcher Anspielungen. Zu Beginn des 19. Jh. las man in vielen Artikeln, daß der beste Freund eines Mannes seine Frau sei und daß sie ihm als eine unendliche Quelle des Trostes und der Freude zur Seite stehen müsse.

Dies konnte oft eine entmutigende Aufgabe sein. So machte ein Autor der Zeitung *Christian Herald* seine Leserinnen darauf aufmerksam, daß ihre Männer an jedem Arbeitstag an nichts Geringerem als einer Schlacht beteiligt seien: „Es ist ein Wunder, daß Ihr Ehemann überhaupt noch über Nerven oder Geduld oder Freundlichkeit verfügt ... Wenn er heimkommt und sich gedankenverloren hinsetzt, sollten Sie Nachsicht mit ihm haben. Falls er keine Lust hat, am Abend auszugehen ... denken Sie daran, daß er den ganzen Tag außer Haus war ... Vergessen Sie nicht, daß er sich weniger für sich als vielmehr für Sie und die Kinder aufopfert."

Catharine Beecher, Autorin des in Amerika beliebtesten Buches über Hauswirtschaft und Mutter von Harriet Beecher Stowe, die *Onkel Tom's Hütte* schrieb, ging noch weiter, als sie ihren Leserinnen versicherte, daß sie das Schicksal der Demokratie in ihren Händen hielten: „Die Mutter formt den Charakter des künftigen Mannes ... Die Frau beeinflußt das Herz, dessen Kraft die Geschicke einer Nation zum Guten oder zum Bösen lenken kann."

Und auch die Fertigkeiten der Frau im Haushalt wurden aufgewertet, beispiels-

Die Amerikanerin Sarah Josepha Hale (oben) war fast 50 Jahre Herausgeberin von Frauenzeitschriften und hatte damit einen enormen Erfolg (links).

ZEITZEUGNIS

Heimat auf Zeit für ein Waisenkind

Dem zehnjährigen Norbert Truquin blieb 1843 nach dem Tod seines Meisters niemand mehr in Paris, der sich um ihn hätte kümmern können. Er berichtete:

„Eine Frau, die in unserem Haus wohnte, kam auf mich zu. ‚Dort lebst du also, mein Junge!' Ich wußte nicht, was ich sagen sollte, denn das Gewerbe, das diese Frau ausübte, brachte mich in Verlegenheit … (Sie) wohnte nicht allein, sondern zusammen mit einer anderen jungen Frau … Und sie hatte einen festen Liebhaber, der etwa 25 Jahre alt war und Orblain hieß.

Als es Zeit für das Abendessen wurde, deckten die Frauen den Tisch auch für mich … Danach schlugen sie vor, ich solle doch bei ihnen bleiben und Botengänge für sie erledigen … (Sie) erhitzten Wasser in einem großen Kessel, schnitten mir das Haar, zogen mich aus und badeten mich … Auf einem Sofa machten sie mir ein Bett, dann statteten sie mich mit alten Kleidungsstücken von Orblain aus … Ich war überglücklich.

Diese Frauen nahmen fast täglich ein Bad. Sie gingen jeden Abend zwischen 21 und 22 Uhr aus und kamen erst um 5 Uhr morgens zurück …

(Einmal) brachten sie eine junge Frau aus dem Elsaß mit, die … eine Dienstbotenstelle antreten wollte, doch weil sie Epileptikerin war … konnte sie nirgends ihre Stellung behalten. (Sie) gewährten ihr für drei oder vier Tage Gastfreundschaft und schenkten ihr Kleider … Später brachten sie sie zur Postkutsche, bezahlten ihr die Reise und gaben ihr außerdem noch alles Geld, das sie bei sich hatten, damit sie in ihre Heimat zurückkehren konnte …

In den sechs Monaten, die ich in dem Haushalt lebte, hörte ich nie eine grobe Bemerkung … Eines Morgens kam Orblain und berichtete, die beiden Frauen seien im Gefängnis. Dann verschwand er … Polizisten kamen …, fragten mich nach meinem Namen und setzten mich dann ohne viel Federlesens auf die Straße … Nun mußte ich wieder anfangen, in der Gosse zu stöbern …"

weise durch die Entstehung eines neuen Ausbildungsfaches – nämlich Hauswirtschaftslehre – und durch Zeitschriften mit hohem Niveau wie *Gute Haushaltsführung*, die 1885 in Amerika erstmals erschien. Alle diese Entwicklungen versetzten Frauen der Mittelschicht, die nicht arbeiten gehen mußten, in die Lage, sich auf das Familienleben zu konzentrieren, doch sie erhöhten auch die Anforderungen, die man an sie als Mütter und Hausfrauen stellte. Eine Minderheit unter ihnen jedoch wollte den Tag mit anspruchsvolleren Tätigkeiten verbringen als

Emily Faithfull (links), eine frühe englische Verlegerin, leistete im Jahr 1860 Pionierarbeit: Sie gründete eine Druckerei, in der sie auch Frauen (ganz links) beschäftigte.

zu sticken, Blumen hübsch zu arrangieren oder irgendwelche Handarbeiten anzufertigen. Ihr Lebensgefühl spiegelte sich in den verschiedenen Zeit- und Flugschriften der Frauenbewegung wider.

Der Mut zum Anderssein

Einige wenige Frauen begnügten sich nicht mit Lektüre, sondern wurden selbst aktiv, so z. B. Sarah Josepha Hale. Obwohl sie Witwe wurde, als das älteste ihrer fünf Kinder gerade erst sieben Jahre alt war, gelang es ihr, neben einer Tätigkeit als Näherin, mit der sie knapp ihren Lebensunterhalt

Zwei französische Gemälde zeigen eine als Dienstmädchen alt gewordene Frau (links) und eine Wäscherin (oben). Hausarbeit blieb auch in der Zeit der Industrialisierung die Hauptbeschäftigung von Frauen.

verdiente, einen Roman zu schreiben. Dies war der Startschuß für ihre Karriere als Redakteurin und Autorin. Von 1828 bis 1837 veröffentlichte sie *The Ladies' Magazine* (Die Zeitschrift für die Damen) und dann bis 1877 *The Ladies' Book* (Das Buch für die Damen). Mit ihrer Arbeit errang die engagierte Kämpferin nicht nur allgemeinen Beifall, sondern auch finanziellen Erfolg. Darüber hinaus brachte sie die Mode des Picknicks auf und machte den *Thanksgiving Day* (Erntedankfest) zu einer Art amerikanischem Nationalfeiertag.

Emanzipierte Verlegerin

Auch in Großbritannien wandten sich Frauen der Pressearbeit zu. So schrieb und verlegte Emily Faithfull Bücher. 1860 rief sie die Victoria Press im Bezirk Bloomsbury in London – einer Gegend, die für ihre Frauenakademien berühmt war – ins Leben. Als Gründungsmitglied der Gesellschaft zur Förderung der Berufstätigkeit von Frauen glaubte Emily Faithfull, daß sich weibliche Mitarbeiter für das Druckgewerbe besonders gut eigneten, da es „vor allem ein schnelles Auge, eine geschickte Hand und eine gleichbleibende Aufmerksamkeit" erfordere, jedoch „ohne daß man dem Wetter ausgesetzt ist oder schwere Arbeit leisten muß". Ihre Hauptpublikation war *The English Woman's Journal* (Zeitschrift für die englische Frau). Nachdem sie ihr Personal innerhalb eines Jahres von fünf auf 16 Mitarbeiter aufgestockt hatte, veröffentlichte sie zudem die Wochenzeitung *The Friend of the People* (Der Freund des Volkes) sowie eine juristische Vierteljahresschrift und zahlreiche Flugschriften und Predigten.

ZEITZEUGNIS

Wienerinnen krempeln die Ärmel hoch

Der Anblick von Frauen, die typische Männerarbeit leisteten, versetzte einen amerikanischen Journalisten 1873 bei seinem Besuch in der österreichischen Hauptstadt in Erstaunen. Die Parallele zum mühsamen Leben der Frauen im Westen der USA zur damaligen Zeit war ihm anscheinend entgangen:

„Alle niedrigen Arbeiten in Wien werden von Frauen ausgeführt, sie reinigen beispielsweise die Straßen, sammeln Müll, ... sägen Holz, graben Erde um, mischen Mörtel, schleppen ihn in Eimern und tragen auch Ziegelsteine für den Bau ... Es sind (Frauen) jeden Alters – junge, im mittleren Alter und alte –, alle aber scheinen kräftig und gesund zu sein."

Frauen erobern Domänen der Männer

Bahnbrechende Leistungen wie die von Emily Faithfull trugen mit dazu bei, daß Frauen allmählich traditionelle Männerberufe ergreifen konnten – wenn man sie auch nur widerwillig zuließ. So sorgte die zu den Quäkern gehörende Lehrerin und feministische Vordenkerin Susan B. Anthony in Amerika für Furore, als sie mit Erfolg darauf bestand, 1853 zu einer Diskussion über das geringe Ansehen des Lehrerberufes beizutragen. Als der Präsident der Versammlung, ein Professor der Militärakademie von West Point, ihr zögernd den Gang zum Rednerpult zugestand, erklärte sie ihm und dem übrigen, vorwiegend männlichen Publikum spöttisch: „Sehen Sie nicht, daß, solange eine Frau nach Ansicht der Gesellschaft nicht über den notwendigen Sachverstand für den Beruf der Rechtsanwältin, Pfarrerin oder Ärztin verfügt, aber eine große Befähigung für den Lehrberuf hat, jeder Mann unter Ihnen, der diesen Beruf ergreift, stillschweigend zugibt, daß er nicht mehr im Kopf hat als eine Frau?"

Die Medizin erwies sich als eine noch stärker verteidigte männliche Bastion. Eine berufliche Laufbahn wie die von Elizabeth Blackwell zeigte aber, was sich erreichen ließ. Ihre aus Bristol stammende Familie wanderte nach New York aus. Als Elisabeth 17 Jahre alt war, starb ihr Vater. Sie und ihre Schwester richteten daraufhin eine Internatsschule für Mädchen ein und verdienten so den Lebensunterhalt für die Familie.

Eine deutsche Telefonvermittlung im Jahr 1889. Die Arbeit dort verrichteten fast ausschließlich Frauen.

Sie selbst bereitete sich inzwischen durch Selbstunterricht und Privatstunden auf den von ihr eigentlich gewählten Beruf vor. Nachdem sie von den medizinischen Fakultäten der Universitäten von Pennsylvania und New York abgewiesen wurde, fand sie schließlich 1847 Aufnahme in das Geneva Medical College von New York. Zwei Jahre später bestand Elizabeth Blackwell als Beste ihres Jahrgangs die Abschlußprüfung und war die erste Frau, die an einer medizinischen Fakultät der Vereinigten Staaten zum Doktor der Medizin promovierte.

Als sie ein weiterführendes Studium in Paris aufnahm, forderte man von ihr, sie solle Männerkleidung tragen, um zu Kursen und auf die Krankenstationen zugelassen zu werden. Das allerdings lehnte sie resolut ab. Nach Studien am St. Bartholomew's Hospital in London eröffnete sie in New York erst eine Praxis und errichtete dann 1857 ein Krankenhaus für Frauen und Kinder. Dieses Hospital mit ausschließlich weiblichem Personal leistete später als Zentrum für die medizinische Ausbildung von Frauen Pionierarbeit. 1869 kehrte sie in ihr Heimatland zurück und wirkte bei der Gründung der Londoner medizinischen Fakultät für Frauen mit, an der sie Professorin für Gynäkologie wurde.

Typische Arbeitswelten

Während sich solch starke Persönlichkeiten für mehr Rechte für die Frauen einsetzten, kämpfte der Großteil ihrer Geschlechtsgenossinnen ums Überleben. Stellungen im Haushalt galten als Hauptbeschäftigung für weibliche Arbeitskräfte. Im 19. Jh. war rund ein Drittel aller Frauen irgendwann in ihrem Leben als Dienstmädchen tätig, doch nur etwa 10% übten diesen Beruf ihr Leben lang aus.

Einigen von ihnen ging es verhältnismäßig gut. Die Beschäftigung in einem großen Haushalt einer adeligen Familie, deren Anzahl an Mitgliedern viel geringer war als die Zahl der Dienstboten, konnte sich als recht angenehm erweisen. Einige zeitgenössische Beobachter beschrieben die Hausangestellten in reichen Familien sogar als verwöhnt. Typischer jedoch waren Stellungen wie die, von der eine Londoner Hausangestellte berichtet: „Ich ging nach Chiswick und arbeitete dort für einen Zahnarzt und seine Frau als alleiniges Hausmädchen. Morgens stand ich bereits um 6 Uhr auf, und es gab so viel zu erledigen, daß ich bis 23 Uhr nachts arbeiten mußte. Meine Aufgabe war es, das ganze Haus von oben bis unten zu putzen und zu schrubben. Ich war sehr gewissenhaft. Zum Frühstück bekam ich Brot und Bratenfett. Als Hauptmahlzeit gab es täglich Hering und abends Brot mit Margarine. Mein Zimmer war auf dem Dachboden. Darin befanden sich ein kleines Eisenbett, ein Holzstuhl und ein Waschtisch. Es war ein kaltes, kahles und völlig trostloses Zimmer."

SELBST IST DIE FRAU

Die erste Amerikanerin, die nach der Heirat ihren Mädchennamen behielt, war die Vorkämpferin des Feminismus Lucy Stone (1818–1893). Als achtes von neun Kindern eines Farmers finanzierte sie sich ihr Studium am Oberlin College selbst, hielt Vorträge für die Bewegung gegen die Sklaverei und half um 1850 bei der Organisation der ersten Frauenrechtsversammlung. Später beteiligten sich „Mrs. Stone" und ihr Ehemann Henry B. Blackwell an der Gründung des Amerikanischen Verbandes für Frauenwahlrecht und leiteten deren Wochenzeitschrift *Woman's Journal* (Journal für die Frau).

Eine einfache Frau sitzt vor einem Londoner Laden in der Sonne, in dem mit Büchern und alten Möbeln gehandelt wird (links). Pariser Kurtisanen (oben) stellen ihren Sonntagsstaat zur Schau.

Radfahrerinnen in Paris. Da sich die langen Kleider beim Radfahren als recht unpraktisch erwiesen, benötigten Frauen, die sich per Fahrrad fortbewegen wollten, eine neue, locker sitzende Mode.

Das Leben einer Bediensteten war zwar hart, aber zumindest bewahrte sie ihre Ehrbarkeit. Andere Frauen verdienten ihren Lebensunterhalt mit Betätigungen, unter denen ihr Ruf litt. So griff in den meisten Industriestädten die Prostitution um sich. Manche Frauen endeten auch als Geliebte in einem längeren, aber trotzdem äußerst unsicheren Verhältnis. In solchen Beziehungen hatte der Mann dank seiner größeren Macht, seines Reichtums und Ansehens in der Ober- und Mittelschicht und selbst derjenige, der auf den unteren Stufen der sozialen Leiter stand, in der Regel eindeutig den Vorteil auf seiner Seite. Ein Überblick über rund 8600 außereheliche Beziehungen in Paris um 1830 und 1840 zeigt, daß es sich bei den Männern meistens um Handwerker oder Ladeninhaber handelte, während rund 90% der Frauen Dienstbotinnen oder Fabrikarbeiterinnen waren. Studenten aus „gutem" Haus suchten sich während der Ausbildung meist Näherinnen als vorübergehende Gefährtinnen und ließen sie dann nach dem Examen im Stich. Die Armee tolerierte Geliebte, vorausgesetzt, daß man ein Mindestmaß an Diskretion wahrte. In ländlichen Gegenden erwartete mancher begüterte Junggeselle von seiner Haushälterin, daß sie sich auch um seine „anderen Bedürfnisse" kümmerte. Und überall waren weibliche Dienstboten oft der Willkür ihrer Herren ausgesetzt; verweigerten sie sich, wurden sie meist sofort des Hauses verwiesen.

Weiblicher Boss

Es kam auch vor, daß nicht der Ehemann, sondern die Frau Haupternährer der Familie war. So setzte in der Mitte des viktorianischen Zeitalters eine

Die britische Frauenrechtlerin Sylvia Pankhurst trat 1912 in London für das Frauenwahlrecht ein.

Londoner Wäscherin sich selbst an die erste Stelle, als sie einen Volkszählungsbogen ausfüllte: „Familienoberhaupt, Mangelfrau; John, Ehemann, dreht die Mangel." Der Einzelhandel war ebenfalls eine wichtige Branche, in der es Frauen zu etwas bringen konnten. In der Beschreibung seines Lebens in einem Elendsviertel von Salford in Nordengland im ersten Jahrzehnt des 20. Jh. wies ein junger Mann darauf hin, daß der kleine Laden seiner Familie, den seine gewitzte und resolute Mutter führte, ihre eigentliche Einkommensquelle darstellte. Dem Namen nach gehörte er dem Vater, einem Facharbeiter, der jedoch ein streitsüchtiger Trunkenbold und oft arbeitslos war. Genaugenommen profitierte die Familie vom scharfen Gehör und guten Gedächtnis der Mutter, die es dieser ermöglichten, sich als Kreditverwalterin für ihre armselige Kundschaft zu betätigen. Weil sie genau wußte, wessen Mann Arbeit hatte, wessen Kind krank war oder wer seine Bratpfanne versetzt hatte, fiel es ihr leicht zu beurteilen, wann welcher Kunde die Waren, die er hatte anschreiben lassen, bezahlen konnte.

Manche Frauen spielten eine aktive, wenn auch selten anerkannte Rolle beim Aufbau von Familienunternehmen. Der Porzellanfabrikant Josiah Wedgwood z. B. versicherte sich immer der Zustimmung

Julia Ward Howe im Jahr 1902. Sie komponierte *The Battle Hymn of the Republic* und wurde als erste Frau in die Amerikanische Akademie der Künste und Literatur gewählt.

Stein des Anstosses für die deutsche Geisteswelt

Ein für Frauen ihrer Zeit enormes Selbstbewußtsein und ein erstaunlicher Kampfgeist beseelten Bettina von Arnim (1785–1859). Eigentlich hieß sie Anna Elisabeth und entstammte dem aus Italien zugewanderten Adelsgeschlecht der Brentanos. 1811 heiratete sie den märkischen Edelmann Achim von Arnim (1781–1831) und glaubte zunächst noch, sie könne sich wie ihr Bruder, der romantische Dichter Clemens Brentano (1778–1842), der Kunst, allem voran der Poesie, widmen. Mit Kindern reich gesegnet, lebte sie jedoch jahrelang als Hausfrau auf Gut Wiepersdorf. Nach dem Tod ihres Mannes zog sie nach Berlin um, wo sie regen Kontakt zu vielen kulturell und geistig führenden Persönlichkeiten Deutschlands unterhielt. Für den deutschen Dichterfürsten Johann Wolfgang von Goethe (1749–1832), den sie wiederholt traf, empfand sie schwärmerische Verehrung. Dieser reagierte darauf allerdings reichlich unterkühlt.

Bettina von Arnim schrieb selbst Romane, doch sie war nicht nur ein Schöngeist, sondern befaßte sich auch mit den sozialen Problemen, die mit der beginnenden Industrialisierung einhergingen. Mit Sorge beobachtete sie das Leben der Armen in den Slums von Berlin und forderte König Friedrich Wilhelm IV. (1795–1861) immer wieder auf, mehr für diese Menschen zu tun; beispielsweise in ihrem Werk *Dies Buch gehört dem König*. Darüber hinaus trat sie für die politische und geistige Emanzipation der Frau ein, plädierte für eine Gefängnisreform und die Abschaffung der Todesstrafe und setzte sich für die Juden ein.

seiner Gattin Sal, bevor er ein neues Design produzieren ließ. Und Jesse Boot, der Gründer einer britischen Drogeriekette, konnte auf die Hilfe seiner Mutter und seiner Schwester zählen, die Kräuter sammelten und ihn bei der Herstellung seiner Produkte unterstützten.

Frauen schliessen sich zusammen

Im späten 19. Jh. setzten Frauen nicht nur ihr Recht durch, den von Männern gegründeten Bewegungen, Clubs und Vereinen beizutreten, sondern gründeten auch eigene Gesellschaften. Als man es der Amerikanerin Julia Ward Howe, einer Dame der guten Gesellschaft, verwehrte, Charles Dickens kennenzulernen, gründete sie 1868 den Frauenverein von Neuengland, um ein Kulturforum unter weiblicher Leitung zu errichten. Nach dem amerikanischen Bürgerkrieg zwang die Not in den verwüsteten Südstaaten Tausende gebildeter Frauen dazu, arbeiten zu gehen. Im Westen der USA waren Frauen aufgrund ihrer geringen Zahl sehr angesehen. Um 1860 kamen im Bundesstaat Washington vier Männer auf eine Frau, in Nevada acht und in Colorado 20 – dort wurde jede Frauenarbeit viermal besser bezahlt als in Chicago, hinzu kamen Unterkunft und Verpflegung.

Im Mittleren Westen wurde 1867 ein Landwirtschaftsverein gegründet, der im Volksmund *The Grange* (die Scheune) hieß. Diese Mischung aus einem Interessenverband und einem gesellschaftlichen Verein hatte 1874 bereits 1,5 Mio. Mitglieder. Frauen wurden gleichberechtigt aufgenommen und trugen dazu bei, daß die 15 000 Untergruppen des Vereins genausoviel Zeit auf Kultur verwendeten wie darauf, den Kongreß mit Bittschriften etwa zugunsten niedrigerer Frachttarife zu bombardieren.

1906 finanzierte die englische Zeitung *Daily News* eine Ausstellung über Betriebe, die ihre Belegschaft ausbeuteten, um deren Praktiken bloßzustellen. Wer z. B. Streichholzschachteln anfertigte, wie hier abgebildet, verdiente oft nur einen Hungerlohn.

Sport und Spiele

Mit erholsamen Freizeitbeschäftigungen versuchten sich die Menschen einen Ausgleich zum harten Arbeitsalltag zu verschaffen. Neue Transportmittel wie etwa die Eisenbahn oder das Dampfschiff ermöglichten nun herrliche Reisen, und auch Sport wurde immer populärer.

Die Vergnügungen der Briten versetzten kultivierte Bewohner des Kontinents immer wieder in Erstaunen, so auch den Franzosen Henri Misson, der seine Eindrücke 1719 aufzeichnete: „Neben Sport und Unterhaltung, wie sie auch bei den meisten anderen europäischen Völkern üblich sind, z.B. Tennis, Billard, Schach, Backgammon, Tanzen, Schauspiel usw., gibt es bei den Engländern einige Freizeitveranstaltungen, die sonst nicht üblich sind ... Hahnenkampf ist ein königliches Vergnügen ... Kämpfe zwischen Bullen und Hunden, Bären und Hunden, manchmal auch Bullen und Bären ... Ein Engländer ergötzt sich an allem, was nach Kämpfen aussieht. Wenn zwei

Straßenmusikanten wie dieser junge Harfenspieler traten jeden Tag in einem anderen Stadtteil auf.

kleine Jungen auf der Straße streiten, bleiben die Passanten stehen, umringen sie im Nu und hetzen sie gegeneinander auf, damit es zu einem Faustkampf kommt ..."

Erst gegen Ende des 18. Jh. setzte allmählich ein Umdenken bei den Engländern ein, als hochgesinnte Reformer eine sinnvolle Freizeitgestaltung forderten und Geistliche wie ein gewisser A. Macauley sich gegen die Herabwürdigung traditioneller Kirchweihfeste im Norden Englands aussprachen: „Die Bauern lassen bei diesen Anlässen den Geist alter englischer Gastfreundschaft wiederaufleben; bei den niedrigeren Schichten aber, besonders in den Fabrikdörfern, zieht das Kirchweihfest unweigerlich mindestens eine Woche des Müßiggangs, des übermäßigen

Ein Schwertschlucker unterhält 1898 die Menschenmengen auf der Hampstead Heath. Dorthin begaben sich die Londoner gern in ihrer Freizeit; vor allem an Feiertagen herrschte reges Treiben.

Dieses laut Aufschrift „einmalige" amerikanische Karussell (oben) stammte ursprünglich aus Großbritannien. Im Gegenzug waren um 1900 über 150 Attraktionen aus Amerika, darunter Komödianten, Sänger und selbst Liliputaner – wie diese Gruppe (rechts) – auf den Bühnen Londons zu sehen.

Alkoholkonsums und des Aufruhrs nach sich; diese und andere Mißstände, die mit dem ursprünglichen Zweck der Festlichkeiten nichts mehr zu tun haben, machen es für alle Freunde von Ordnung, Anstand und Religion höchst wünschenswert, daß die Feiern völlig abgeschafft werden." Dies geschah erst allmählich; entsprechende Gesetze wurden um 1830 erlassen.

Ländlicher Freizeitspass

Auf dem Land blieb das Dorfgasthaus der Mittelpunkt für Kricket, Kegeln und andere Mannschaftsspiele, die sich dazu eigneten, Wettkämpfe zwischen den Dörfern auszutragen. Kirchen boten dagegen einen Versammlungsort für feierliche Freizeitbeschäftigungen wie Chorsingen und „erbauliche" Vorträge von Missionaren, die sich auf Heimaturlaub befanden. Besonders viel Abwechslung brachten Märkte und Messen, und so fanden umherziehende Akrobaten, Jongleure, Zauberer und Musikanten ein interessiertes Publikum vor. Im 19. Jh. schlossen sich solche Schausteller gern in Zirkussen zusammen und reisten im Land umher, oft begleitet von einer Menagerie mit wilden Tieren.

In den ländlichen Regionen Großbritanniens vertrieb man sich die Zeit bevorzugt mit Angeln, Jagen und Schießen; diese Sportarten waren jedoch dem niederen Adel und den wohlhabenderen Bauern vorbehalten. Arbeiter konnten sich bei einer Jagd zwar als Treiber betätigen, selbst zur Waffe greifen durften sie jedoch angesichts der strengen

Ungewöhnliche Tiere wie dieser Bär, den man 1895 in einem Londoner Vorort zur Schau stellte, sorgten bei jung und alt für Aufsehen.

„Wildereivorschriften“ nicht. Auf dem europäischen Festland übersah man solche Regeln gern. Besonders in den Gebirgsregionen Frankreichs, Spaniens und Italiens wurde viel gewildert, vor allem, um den Speisezettel mit Kleinwild oder Wildvögeln anzureichern.

In Amerika, wo die Jagd außerhalb der Großstädte ein Bestandteil des täglichen Lebens war, galt die Treffsicherheit beim Schießen als Zeichen von Männlichkeit. Zu den Vergnügungen auf dem Land zählten Trabrennen, Messerwerfen und Baumstammrollen. Auch Ringen war sehr beliebt und fast keinen Regeln unterworfen. Frauen begnügten sich oft damit, daß sie häusliche Pflichten in gesellschaftliche Anlässe verwandelten, indem sie sich z. B. trafen, um gemeinsam Mais zu schälen, oder ähnliche Zusammenkünfte organisierten. Bedingt durch die Eintönigkeit und Plackerei in ihrem Leben, war den meisten eine solche Gelegenheit zum Beisammensein und Plaudern hochwillkommen.

Theater im Zwielicht

In den neuen Industriestädten wurden die Freizeitbeschäftigungen immer besser organisiert und stärker kommerzialisiert. Handwerker waren unter Um-

Die einfacheren Leute (links) drängen sich auf der Galerie eines Pariser Theaters. Die wohlhabenden Bürger (unten) dagegen treffen sich vor dem Foyer und lassen sich dann auf den bequemen Sitzen im Rang oder im Parkett nieder.

Der Schausteller des Jahrhunderts

Mit 25 Jahren entdeckte Phineas Taylor Barnum (1810–1891), wie man ganz leicht zu Geld kommen konnte: Er stellte Joice Heth, eine faltige, schwarze Frau, als die angeblich 161 Jahre alte Kinderfrau von George Washington zur Schau. Die Autopsie nach ihrem Tod ergab, daß sie höchstens 80 Jahre alt gewesen sein konnte, aber Barnum behauptete einfach, das habe er nicht gewußt.

1841 erwarb er dann das fünfstöckige Amerikanische Museum am Broadway, rangierte die Sammlung an Wachsfiguren und ausgestopften Tieren aus und verlegte sich statt dessen auf die Ausstellung von Mißgeburten und Kuriositäten. Eine von ihm gezeigte Meeresjungfrau erwies sich als Schwindel, doch die siamesischen Zwillinge Chang und Eng waren ebenso echt wie der nur 64 cm große Charles S. Stratton, den Barnum als „General Tom Daumen“ vermarktete und sogar Präsident Lincoln sowie Königin Viktoria vorstellte. Das Museum mußte jedoch schon 1868 schließen, nachdem Brände es zweimal fast völlig zerstört hatten. Bis dahin zog es etwa 82 Mio. Besucher an, darunter Charles Dickens und den späteren britischen König Edward VII.

Barnum betrachtete sich als Mensch mit einer Mission: „Wir leben in einer Welt des Handels, und Männer, Frauen sowie Kinder, die schließlich nicht nur in Ernsthaftigkeit leben können, brauchen etwas, das ihnen fröhliche und unbeschwerte Momente beschert; und derjenige, der diese Bedürfnisse befriedigt, betätigt sich in einem Geschäft, das der Schöpfer unserer Natur begründet hat.“

Barnum revolutionierte auch den traditionellen Zirkus, indem er ihn beträchtlich vergrößerte. Als er den Transport des Zirkusses von der Straße auf die Eisenbahn verlegte, ließ er nur in den Städten halt machen, in denen mehr als 50 000 Dollar Umsatz zu erwarten waren. Dennoch nahm er in der ersten Saison über 1 Mio. Dollar ein. Um Geistliche und Journalisten von der Nützlichkeit von Zirkusbesuchen zu überzeugen, verteilte er, gewitzt, wie er war, Freikarten an sie. Barnum bewies ohnehin Sinn für Humor, wenn auch einen etwas eigenartigen. So machte er sich während seiner letzten Krankheit den „Spaß“, seinen auf eigenen Wunsch vorab in einer Zeitung veröffentlichten Nachruf zu lesen.

P. T. Barnum mit einem Lilliputaner, den er in seinem Museum der Öffentlichkeit präsentierte.

Die Kekse in der Dose waren nach Barnums Zirkustieren geformt. Sie wurden mehr als zehn Jahre nach seinem Tod auf den Markt gebracht.

ständen Mitglied einer Leihbücherei und hörten sich informative Vorträge an. Auch kauften sie möglicherweise ein Musikinstrument und traten einer der Blaskapellen bei, die besonders im Norden Englands ab 1840 allerorts entstanden. Fortschrittliche Arbeitgeber unterstützten die Kapellen zum Teil finanziell, denn sie erkannten, daß ihre Arbeiter auf diese Weise von gewaltsamen und gesellschaftsschädigenden Zeitvertreiben ferngehalten wurden.

Die Mittelschicht wandte sich eher dem „ernsthaften“ Theaterspiel zu, doch selbst in ihren Reihen haftete diesem zuweilen eine gedankliche Verbindung mit dem Laster an: In den Augen mancher Zeitgenossen hatten Schauspielerinnen etwas Anrüchiges an sich. Ähnliche Ansichten vertraten manche Amerikaner. Die ersten beiden Theatergebäude des Landes wurden 1766 außerhalb der Stadtgrenzen von Philadelphia und, ein Jahr später,

Das fröhliche und gesellige Treiben in einem deutschen Biergarten im Jahr 1886 (oben links) steht in krassem Gegensatz zur Trübsinnigkeit eines englischen Pubs, in dem die Gäste schweigend herumsitzen (oben rechts).

in New York errichtet. Von zeitgenössischen Moralaposteln wurden sie als „Synagogen des Satans" verdammt. In Boston bestand ein Theaterverbot, das erst 1794 aufgehoben wurde. In der ersten Hälfte des 19. Jh. stieg das Niveau der Theater durch Gastspiele großer englischer Schauspielerfamilien wie der Kembles an, und Aufführungen von Shakespeare erfreuten sich zunehmender Beliebtheit. Um die Mitte des Jahrhunderts gab es bereits mehr als 40 amerikanische Theatertruppen, und amerikanischen Darstellern wie Charlotte Cushman und Edwin Forrest zollte man höchsten Beifall – sie feierten Triumphe selbst in London.

Stadtbewohner aus den unteren sozialen Schichten gingen auf beiden Seiten des Atlantiks gern in „Schmieren", wie man sie in England nannte, wo Sänger, Tänzer, Artisten und Komödianten auf einer provisorischen Bühne um die Aufmerksamkeit eines lauten und meist betrunkenen Publikums kämpften. Im Lauf des Jahrhunderts entwickelten sich aus diesen primitiven Vergnügungen etwas feinere und gehaltvollere, wenn auch nach wie vor derbe Formen: die Varietés in Großbritannien, das Varieté und das Vaudeville in den Vereinigten Staaten und das Kabarett in Frankreich.

Literweise Alkohol

Gern suchten die Städter auch in Gastwirtschaften Entspannung: in Großbritannien im Pub, in Frankreich in der Brasserie, in Amerika im Saloon und in Deutschland im Biergarten. Gleichgültig, wie das Lokal hieß oder welche Besonderheiten es in der Einrichtung aufwies, dort fand man Licht, Wärme, fröhliches Geplänkel, oft sogar Glücksspiele und Musikkapellen. In der zweiten Hälfte des 19. Jh. wurden viele stattliche Wirtschaften in Großstädten auf imponierenden Eckgrundstücken gebaut und mit viel Messing und Mahagoni ausgestattet.

Mit Vorliebe tranken die Gäste Alkohol. Um 1790 nahm der durchschnittliche, über 15 Jahre alte Amerikaner 155 l Bier oder Apfelwein, 23 l Spirituosen und fast 4,5 l Wein pro Jahr zu sich. In Frankreich zog der wachsende Wohlstand einen höheren Konsum von Brandy und Absinth, einem wermuthaltigen Branntwein oder Likör, nach sich. Der Verkauf dieses Getränks wurde 1915 gesetzlich verboten, weil man glaubte, der Wermut, mit dem es aromatisiert wird, rufe Halluzinationen und sogar Sterilität hervor, obwohl die Symptome wohl eher vom hohen Alkoholgehalt herrührten, der bei bis zu 70% lag. In der Normandie war Kaffee mit einem

ZEITZEUGNIS

Verschwendung und Müssiggang in Deutschland

Henry Mayhews Buch *Deutsche Lebensweisen und Sitten nach Beobachtungen in Sachsen,* wozu er auch Thüringen zählte, hatte um 1860 großen Erfolg in England. In dieser Schrift berichtet er z.B. über Freizeitvergnügungen:

„In Eisenach ist es allgemein üblich, daß sich die Bürger sonntags ab 10 Uhr morgens in Bierschenken einfinden. Kaum ein erwachsener Mann würde sich einfallen lassen, in den Gottesdienst zu gehen – die Kirchenbesucher bestehen fast ausschließlich aus alten Frauen und Kindern. Nach dem Mittagessen macht man meist einen Spaziergang in die Vororte und kehrt in einen Biergarten ein, oder man besucht das Konzert in der ‚Fantasie' – so lautet der Name einer Gaststätte –, wo man natürlich noch mehr Bier trinkt …

Danach kehrt der Mann zum Abendessen nach Hause zurück … und sobald er dieses verzehrt hat, zieht er sich zurück und verbringt den Rest des Abends … in einer Gaststätte und trinkt, raucht, spielt Karten oder Billard.

Nun zu den Feiertagen, von denen es im Verlauf von zwölf Monaten nicht weniger als 13 gibt. Diese Tage sind in der Regel arbeitsfrei, nicht einmal Brot wird gebacken. Drei Feiertage entfallen auf Weihnachten, einer auf den Neujahrstag, drei auf Ostern, drei auf Pfingsten, einer auf den Himmelfahrtstag und zwei weitere auf bestimmte Buß- und Fasttage; allerdings besteht das Büßen wie die Vergnügungen an anderen Feiertagen aus Biertrinken, Rauchen und Glücksspielen … Gambrinus – der Schutzherr der Bierbrauer, dessen Bild in fast jedem Wirtshaus hängt – wird im ganzen Land verehrt.

Wenn man sich mit den Wirtshaussitten der Sachsen befaßt, darf man nicht vergessen, die Geldsummen zu erwähnen, die jene ausgeben, wenn sie kegeln und Karten oder Billard spielen. Die meisten Bürger sind Mitglied eines Kegelclubs, und von den 40 Schenken der Stadt haben zwölf eine Kegelbahn … (und) mindestens acht verfügen über Billardtische …

In dem Maß, wie die Wirtshausgewohnheiten der Deutschen denn auch zu gewohnheitsmäßigem Kegeln, Karten- oder Billardspielen führen … bewirkt die so geweckte Liebe zum Glücksspiel … ein tiefes Mißtrauen gegenüber Fleiß und Unternehmergeist. Als Mittel zum Erwerb von Wohlstand sind sie ein typisches Merkmal unserer Landsleute. In Deutschland jedoch haben … die Leute jegliches Zutrauen zu sich selbst verloren und hoffen auf Lotteriegewinne, mit denen sie Reichtümer anhäufen möchten."

Schuß Calvados ein gängiges Getränk. Der Durchschnittshaushalt konsumierte dort 50–70 l Spirituosen im Jahr. Die Maler Edgar Degas (1834–1917) und Henri de Toulouse-Lautrec (1864–1901) thematisierten auf ihren Bildern Alkoholismus, dargestellt durch zwei neuartige, meist städtische Verkörperungen des Lasters: den einsamen Trinker und die Betrunkene.

In einem französischen Lokal von 1850 ist Wein das übliche Getränk. Dazu reicht man eine warme, nahrhafte Suppe.

Eine Welt auf Rädern

Eine andere Art der Zerstreuung gewann mit dem Ausbau des Eisenbahnnetzes an Popularität: das Reisen. So schuf der Baptistenprediger Thomas Cook die Grundlagen für den Pauschaltourismus, als er um 1840 einen Eisenbahnzug mietete und 500 Menschen von Leicester nach Loughborough in den englischen Midlands beförderte; dort konnten sie den Vortrag eines berühmten Vertreters der Temperenzler, einer Mäßigungs- und Enthaltsamkeitsbewegung, hören. Eisenbahngesellschaften griffen die Idee, Ausflüge zu organisieren, schnell auf. Besonders

ZEITZEUGNIS

Fabrikinspektoren loben eine schottische Firma

Um 1870 äußerten sich britische Fabrikinspektoren, die gesetzliche Bestimmungen über Arbeitssicherheit durchsetzen und die Arbeitszeit beschränken sollten, über die Freizeitangebote für Arbeiter:

„Beim Besuch von Fabriken ist es immer angenehm, wenn man feststellt, daß die Besitzer sich um das soziale Wohlergehen und die Weiterbildung ihrer Belegschaft bemühen. In dieser Hinsicht ist die Firma James Smieton & Sons mit ihren Panmure-Werken in Carnoustie als lobenswertes Beispiel zu nennen ... Mit diesen Werken verbunden ist ein eleganter, geräumiger Saal, der 600 Personen Sitzplätze bietet und mit einem Klavier und einem Harmonium ausgestattet ist ... Auf dem Gelände befindet sich auch ein Leseraum ... Fünf Tages- und Wochenzeitungen stehen zur Verfügung ... Ebenso wurde eine Bibliothek mit einer guten Auswahl von rund tausend Büchern eingerichtet ... Die Fabrik und die Wohnhäuser liegen ... in unmittelbarer Nähe eines Golfplatzes, wo die Arbeiter, wenn sie Zeit haben, eines der anregendsten Spiele im Freien betreiben können, die das Land zu bieten hat."

Fahrten an die Küste fanden ein reges Interesse. Einige Badeorte, etwa Scarborough und Brighton, waren schon seit langem auf Besucher eingerichtet, die auf ärztlichen Rat Heilung ihrer Krankheiten durch Meerwasserbäder suchten. Andere Küstenstädte, wie Bournemouth und Blackpool, profitierten nun von Reisegästen, die neuerdings per Bahn aus dem Binnenland herbeiströmten. In Frankreich entwickelten sich Deauville und Biarritz zu Zentren sommerlicher Eleganz. Und in Amerika wurde Newport auf Rhode Island das Sommerdomizil der Reichen: zu den 15 000 Einwohnern gesellten sich alljährlich 3000 Menschen, die so reich waren, daß sie dort Häuser mieten konnten, etwa die doppelte Anzahl wohnte in den verschiedenen Hotels und Pensionen; hinzu kamen noch Zehntausende Tagesausflügler.

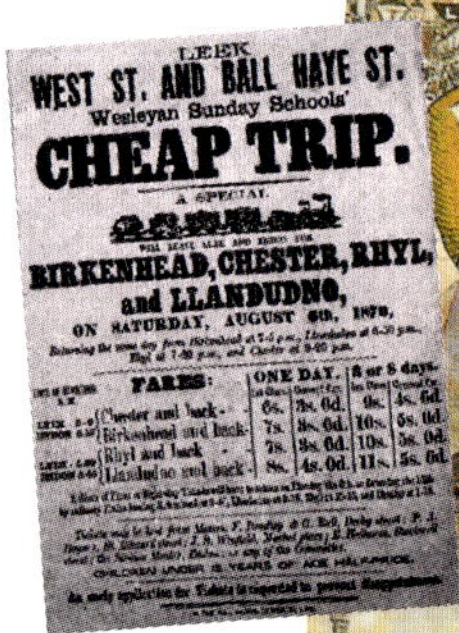

Reisen mit der Eisenbahn oder dem Dampfschiff waren Grundpfeiler des sich ausweitenden Tourismus, der von Unternehmern wie Thomas Cook vorangetrieben wurde.

Den Jägern, Wanderern und Naturliebhabern machte die Eisenbahn auch abgelegene Gebiete zugänglich. In Großbritannien wurden der Lake District, Dartmoor und das schottische Hochland erschlossen. In Amerika drangen Jagdgesellschaften der Reichen, teils in Begleitung berühmter Persönlichkeiten wie Buffalo Bill, in die Great Plains vor und beteiligten sich am Abschlachten von Büffelherden. Schutzmaßnahmen erfolgten ab 1879, als das Gebiet von Yellowstone zu Amerikas erstem Nationalpark erklärt wurde. Mittlerweile begannen früher schwer erreichbare Gegenden wie Colorado und Florida aus ihren landschaftlichen und klimatischen Reizen Kapital zu schlagen: 1871 wurde Colorado Springs gegründet, und in Florida verdoppelte sich im Winter stets die Bevölkerung von Jacksonville.

Auch zum Erfolg von Veranstaltungen wie etwa der Weltausstellung von 1851 in London trugen die Eisenbahnen bei. Sie zog mehr als 6 Mio. Besucher an und erbrachte einen ansehnlichen Gewinn, mit dem man Gemüseanbaubetriebe südlich des Ausstellungsgeländes erwarb und die Museen von South Kensington errichtete. Paris lud zu noch größeren Ausstellungen ein in den Jahren 1855, 1867, 1878, 1889 und 1900; ebenso Wien 1873, Melbourne 1879 und viele andere Städte. In Chicago, dem Knotenpunkt des amerikanischen Eisenbahnnetzes, wurde die Kolumbus-Weltausstellung 1893 zur 400-Jahr-Feier der Landung des Entdeckers in der Neuen Welt – also ein Jahr zu spät – veranstaltet.

Leidenschaft für Sport

Neben dem Reisen kam auch Sport in Mode. Im Lauf des 19. Jh. stellte man Regeln für bestimmte Sportarten auf, wobei sich Großbritannien insofern hervortat, daß frühere örtliche Vereine, etwa der Kricketclub von Marylebone oder der Krocket- und Rasentennisclub von Wimbledon, weltweit Führungsrollen in den jeweiligen Sportarten übernahmen. Im Boxsport machte der Marquis von Queensberry von sich reden, der 1867 einem neuen Regelwerk seinen Namen gab. Dieses schrieb vor, daß gepolsterte Boxhandschuhe verwendet werden müssen und daß ein Kampf erst dann entschieden ist, wenn einer der Gegner so lange am Boden liegt, bis der Schiedsrichter bis zehn gezählt hat.

Englische Enthusiasten entwickelten nicht nur Normen für Sportarten, die in England erfunden wurden – etwa Kricket, Fußball, Rugby, Squash, Badminton, Kegeln und Billard –, sondern sie führten auch Sportarten ein, z. B. Golf aus Schottland oder Hockey aus Frankreich. Regeln wurden vor allem deswegen notwendig, weil neue Wettkampfarten Mannschaften von Schulen oder Hochschulen aus weit voneinander entfernten Gegenden anzogen, so daß unterschiedliche örtliche Verfahrensweisen leicht zu Konflikten führen konnten.

Der Berufssport entwickelte sich, als die Halbtagsarbeit an Samstagen in Großbritannien und Amerika Sportveranstaltungen ermöglichte, zu denen sich große Menschenmengen einfanden, die Eintritt zahlten. 1869 wurden die Cincinnati Red Stockings das erste professionelle Baseballteam und lieferten den Beweis für die Überlegenheit trainierter Berufsspieler, da sie jede Mannschaft schlugen, auf die sie trafen.

In Großbritannien stand Fußball an erster Stelle. Die Regeln, die ursprünglich für die Studenten der Universität von Cambridge galten, wurden um 1860 auch Wettbewerben auf nationaler Ebene zugrunde gelegt. 1888 bildeten zwölf englische Profivereine eine Nationalliga. London und die Industriestädte Nordenglands sowie des schottischen Tieflands begründeten damals ihre Dominanz im britischen Berufsfußball, die sie bis heute nicht verloren haben. Seit 1897 war das Pokalendspiel des Fußballverbandes, das bereits damals 65 000 Menschen anzog, ein Höhepunkt des Jahres für Freunde des runden Leders.

John L. Sullivan (rechts) gewann 1882 die Weltmeisterschaft im Faustkampf der Schwergewichtler. Ein Jahrzehnt später verlor er sie an „Gentleman Jim“ Corbett, der mit Boxhandschuhen kämpfte.

Ein amerikanischer Spieler aus den frühen Zeiten des Baseballs (oben). Krocket wurde in England mit großer Leidenschaft gespielt und auch an der Ostküste der USA (rechts).

Aufmerksam und gespannt verfolgte das Publikum die Darbietungen von Unterhaltungskünstlern in Vaudevilles und Varietés (rechts). Sie sangen gefühlvolle, aber auch satirische Lieder (oben).

Rugby wurde anfänglich an der gleichnamigen englischen Internatsschule wie eine Variante des Fußballs gespielt. 1863 spaltete es sich dann von dieser Sportart ab, als der neugegründete Fußballverband den Spielern mit Ausnahme des Torhüters verbot, den Ball mit den Händen zu berühren. Etwa 1870 erlebte Rugby in den USA einen Aufschwung. Bald aber entwickelte es sich zu einer völlig anderen, gefährlichen Sportart, als die Trainer ihre Spieler vor allem nach ihrem Können als Boxer und Ringer auswählten. Dies führte zur Entstehung des *American Football*, der amerikanischen Variante des Fußballs.

Die ersten Radler

Radfahren war eine der wenigen neuen Sportarten, an denen sich selbst die britische Arbeiterschaft lebhaft beteiligte, auch wenn der Kauf des Fahrrades in der Regel auf Ratenzahlung erfolgte. Die Erfindung von Luftreifen führte um 1880 zur Entwicklung des Sicherheitsfahrrads, dessen Design sich seitdem im Grunde kaum verändert hat. Arbeiter kauften es, weil sie damit in der Lage waren, eine fast dreimal so weite Entfernung zur Arbeitsstätte zurückzulegen als zu Fuß. Dadurch erweiterte sich das Gebiet, in dem sie eine Beschäftigung suchen konnten, entscheidend. Zudem bot sich der Drahtesel auch für Wochenendausflüge aufs Land an. Das erste Radrennen fand 1868 in Paris über eine Strecke von 2 km statt. In Amerika begannen Radrennen ein Jahrzehnt später, und 1903 wurde die erste Tour de France veranstaltet.

Freizeitvergnügen überschreitet Grenzen

Viele solcher Freizeitbeschäftigungen, die inzwischen zur Selbstverständlichkeit geworden sind, waren früher aufregende Neuerungen. So ist das heutige Restaurant z.B. im wesentlichen ein Nebenprodukt der Französischen Revolution. Eröffnet wurden diese Speiselokale meist von arbeitslosen Küchenchefs derjenigen Aristokraten, die ins Exil gehen mußten oder hingerichtet wurden.

Eines der elegantesten frühen Restaurants war *Antoine Beauvilliers' Grande Taverne de Londres* in Paris. Der Gastronomie-Experte Jean-Anthelme Brillat-Savarin berichtete, daß Beauvilliers oft darauf hinwies, daß man „dieses Gericht besser meidet, jenes sofort bestellt … und sich gleichzeitig Wein aus dem Keller bringen lassen sollte …; kurz, er hatte einen so freundlichen und angenehmen Ton, daß es wirkte, als tue er einem mit allen diesen Empfehlungen einen Gefallen". Im darauffolgenden Jahrhundert führte das europäische Festland einen kulinarischen Feldzug, auf dem es die englischsprachige Welt eroberte. 1831 z.B. eröffneten die Schweizer Gebrüder Delmonico New Yorks erstes Speiselokal, in dem Speisekarten gereicht wurden.

Fast im gesamten 19. Jh. breiteten sich Moden in der Freizeitgestaltung ausschließlich von Europa nach Amerika aus; der Einfluß in umgekehrter Richtung erfolgte erst später. Um 1820 bot ein schweizerischer Juraprofessor in Harvard als erster Unterricht in Gymnastik an. Es gab Kricketspiele zwischen Mannschaften aus New York, Philadelphia, Toronto und Montreal, bis schließlich doch Baseball, das im Bürgerkrieg in den Lagern beider Seiten gespielt wurde, den Vorrang als Nationalspiel erhielt. Tennis erreichte Amerika über die Bermudas von England her und wurde zusammen mit Radfahren der große Renner der Jahre um 1870. Schottischen Einwanderern verdanken es die Amerikaner, daß später auch Golf zu ihnen gelangte.

Aber nicht nur Sport, sondern auch Musik und Bühnenkunst wurden über den Atlantik in die USA „exportiert". Stars wie Sarah Bernhardt und Lily Langtry machten um 1880 vielbeachtete Tourneen in den Vereinigten Staaten, und die Savoy-Opern, eine Art Operette, von Gilbert und Sullivan wurden als Erfolg gefeiert. Dann aber erfolgte die Wende: 1887 nahm die Wildwest-Show Buffalo Bill London im Sturm ein und erbrachte allein in einem Sommer 1,4 Mio. Dollar Einnahmen. 1901 enthielt ein Verzeichnis von Amerikanern mit Wohnsitz in London die Namen von mehr als 160 Varietékünstlern, darunter Harry Houdini, der Entfesselungskönig.

Das exotische Aussehen des „Moulin Rouge" (links) läßt auf eine Welt des Glamours schließen. Die dort dargebotenen Attraktionen illustrierte Henri de Toulouse-Lautrec auf seinen Plakaten (oben).

1700 – 1764

Ansicht von St. Petersburg, der neuen Hauptstadt des russischen Zaren Peter I. (Peter der Große).

1700–21 Der Große Nordische Krieg beschleunigt den Niedergang Schwedens und den Aufstieg Rußlands zur Großmacht.

1701–14 Im Spanischen Erbfolgekrieg erobert Großbritannien 1704 Gibraltar. Im selben Jahr besiegt der Herzog von Marlborough die Franzosen bei Höchstädt an der Donau.

1707 England und Schottland werden durch das Unionsgesetz zum Vereinigten Königreich zusammengeschlossen. Schottland kann seine eigene Gesetzgebung, Kultur und Kirche beibehalten.

1709 In England benutzt Abraham Darby statt Holzkohle Koks zum Schmelzen von Eisen, was die Herstellung des Metalls deutlich verbilligt. Dies führt dazu, daß man Eisen verstärkt zum Bau von Werkzeugen, Maschinen, Brücken und Gebäuden verwendet.

Zwischen dem englischen Bristol und New York wird ein regelmäßiger Posttransport aufgenommen. Einmal im Monat verkehrt ein Dampfschiff zwischen den beiden Hafenstädten.

Dieser Ausschnitt aus einem Plan zeigt verschiedene Haustypen im England des 18. Jh.

1710 Kurfürst Friedrich August I. (August der Starke) von Sachsen gründet auf der Albrechtsburg zu Meißen die bekannte Meißner Porzellanmanufaktur.

1711 Bartolomeo Cristofori, ein Spinettbauer aus Florenz, erfindet das moderne Klavier.

1712 Zar Peter der Große verlegt die russische Hauptstadt von Moskau nach St. Petersburg, das er bereits im Jahr 1703 gegründet hatte.

1714 George I. regiert als erster Hannoveraner Großbritannien.

1716 Gabriel Fahrenheit, ein deutscher Physiker, entwickelt das Quecksilberthermometer.

1719 Der englische Schriftsteller Daniel Defoe veröffentlicht seinen berühmten Roman *Robinson Crusoe*.

Jean d'Alembert (links) und Denis Diderot, die Herausgeber der *Encyclopédie*, eines umfassenden französischen Nachschlagewerks.

Kaffee, den man bis zu diesem Zeitpunkt fast ausschließlich in Arabien anbaute, wird nun erstmals auch aus der niederländischen Kolonie Java nach Europa gebracht.

1720 Die britische Südsee-Aktiengesellschaft, die South Sea Company, geht bankrott und stürzt Tausende von Spekulanten in den Ruin.

1729 Uraufführung von Johann Sebastian Bachs *Matthäuspassion*.

1732 Geburt von George Washington, der als erster Präsident der USA, von 1789 bis 1797, in die Geschichte eingeht. Er stirbt im Jahr 1799.

1734 In South Carolina wird das erste Pferderennen auf amerikanischem Boden ausgetragen.

Der Bankrott der South Sea Company wurde im 18. Jh. auf zahlreichen Spielkarten karikiert.

1736 Kao Tsung wird Kaiser von China. Während seiner bis 1796 dauernden Regierungszeit erfährt das „Reich des Himmels" die größte territoriale Ausdehnung in der chinesischen Geschichte.

1737 Der schwedische Naturforscher Carl Linnaeus (ab 1762 Carl von Linné) entwickelt eine Systematik der Pflanzen und begründet die Wissenschaft der Botanik.

1749 In Portugal wird eine Zeichensprache für Taubstumme erfunden.

1751–72 Die Franzosen Denis Diderot und Jean d'Alembert versuchen, mit der von ihnen veröffentlichten *Encyclopédie* eine Zusammenfassung nützlichen Wissens zu bieten.

1753 Gründung des Britischen Museums in London.

1755 In Lissabon fallen 60000 Menschen einem verheerenden Erdbeben zum Opfer.

Das *Dictionary of the English Language* von Samuel Johnson ist das erste Wörterbuch, das neben Definitionen auch Etymologie, Aussprache und Sprachgebrauch angibt.

1756 Ausbruch des Siebenjährigen Krieges (Ende 1763). Das mit Friedrich II. von Preußen verbündete Großbritannien begründet seine Vorherrschaft in den Kolonien und vertreibt Frankreich sowohl aus Kanada als auch aus Indien.

In Frankreich wird die berühmte Porzellanmanufaktur von Sèvres gegründet und vier Jahre später unter königlichen Schutz gestellt.

1762 Katharina die Große wird nach einem Staatsstreich Kaiserin von Rußland.

Eine kunstvoll gearbeitete Figur aus Meißner Porzellan.

1765 – 1803

Katharina die Große, Kaiserin von Rußland.

1765 Der Brite James Hargreaves erfindet die Jenny-Spinnmaschine.

In Großbritannien trennt James Watt den Kondensator vom Arbeitszylinder, was die Brennstoffausnutzung der Dampfmaschinen verdoppelt. Später entwickelt er ein Kurbelgetriebe, das die Auf- und Abwärtsbewegung in eine Drehbewegung umsetzt.

1768 Die erste Ausgabe der *Encyclopedia Britannica*, eines umfangreichen Lexikons, wird in Edinburgh veröffentlicht.

Der britische Seefahrer James Cook geht auf die erste von drei Reisen, die ihn in den folgenden Jahren nach Australien, Neuseeland, Alaska und in die Südsee führen. 1779 kommt er bei einem Streit mit Eingeborenen auf Hawaii ums Leben.

1771 Richard Arkwright eröffnet im englischen Cromford die erste mit Wasserkraft betriebene Fabrik der Welt.

Adam Smith, ein schottischer Ökonom, sprach sich für die „freie Marktwirtschaft“ aus.

In der Fabrik von Boulton & Watt im nordenglischen Birmingham wurden vor allem Dampfmaschinen hergestellt.

1774 Der britische Naturforscher, Philosoph und Theologe Joseph Priestley entdeckt den Sauerstoff und seine Bedeutung für das Leben.

Johann Wolfgang Goethes Briefroman *Die Leiden des jungen Werther* erscheint.

1776 In einem Buch über den Wohlstand der Nationen legt Adam Smith die Vorteile einer Wirtschaft dar, in welcher der Eingriff des Staates auf ein Minimum reduziert ist.

Auf die *Boston Tea Party* des Jahres 1773, bei der im Hafen von Boston eine Teeladung vernichtet wurde, folgt die amerikanische Unabhängigkeitserklärung; der daran anschließende Krieg gegen die Briten dauert bis zum Jahr 1783.

1777 Die Vereinigten Staaten von Amerika wählen das Sternenbanner, die „Stars and Stripes“, als Flagge.

1779 Die erste gußeiserne Brücke der Welt wird in Ironbridge (England) gebaut.

1781 Der britische Astronom deutscher Herkunft William Herschel entdeckt den Planeten Uranus.

1783 In einem von den französischen Gebrüdern Montgolfier konstruierten Ballon findet der erste bemannte Flug statt.

1785–1791 Wolfgang Amadeus Mozart komponiert seine berühmten Opern *Die Hochzeit des Figaro* (1785), *Don Giovanni* (1787) und *Die Zauberflöte* (1791).

1788 Die erste Ausgabe der Londoner Zeitung *Times* erscheint.

1789 In Frankreich führt der Zusammenbruch der Staatsfinanzen zu einer politischen Krise. Der Sturm auf das Pariser Stadtgefängnis, die Bastille, und die „Erklärung der Menschen- und Bürgerrechte“ durch die Nationalversammlung markieren den Beginn der Französischen Revolution.

1792 C.J. Rouget de Lisle verfaßt und vertont die spätere französische Nationalhymne, die „Marseillaise“.

1792–97 Im 1. Koalitionskrieg kämpfen Preußen und Österreich, die u.a. von Großbritannien, Sardinien, Neapel und Spanien unterstützt werden, gegen das revolutionäre Frankreich.

Französische Revolutionäre erstürmen im Jahr 1789 das in Paris gelegene Staatsgefängnis, die Bastille.

1793 In Paris wird der erste öffentliche Zoo der Welt eröffnet.

1794 Entwicklung einer Baumwoll-Entkörnungsmaschine in Amerika. Die Erfindung beschleunigt die Verarbeitung der Rohbaumwolle und trägt zu einer erheblichen Senkung der Produktionskosten bei.

1796 Edward Jenner, ein britischer Arzt aus Berkeley, setzt als erster die Impfung als Methode zur Vorbeugung gegen Pocken ein.

1798 Der britische Admiral Horatio Nelson vernichtet eine französische Flotte vor dem am Mittelmeer gelegenen ägyptischen Ort Abukir.

1799 Nach einem Staatsstreich ruft sich Napoleon Bonaparte zum Ersten Konsul von Frankreich aus.

Auf dieser Abbildung ist ein Heißluftballon der französischen Gebrüder Montgolfier dargestellt.

1800 Die amerikanische Regierung verlegt ihren Sitz von New York nach Washington.

1801–03 Der britische Forschungsreisende Matthew Flinders umschifft Australien.

1803 Die Vereinigten Staaten kaufen den westlichen Teil der französischen Kolonie Lousiana und beginnen ihre territoriale Ausdehnung.

1804 – 1836

1804 Napoleon krönt sich zum Kaiser der Franzosen.

1804–06 Die Offiziere William Clerk und Meriwether Lewis erforschen den amerikanischen Westen.

1805 Nelson besiegt bei Trafalgar eine französisch-spanische Flotte.

1807 In Philadelphia gelingt die Herstellung von alkoholfreien, kohlensäurehaltigen Getränken mit Fruchtgeschmack.

1808 Der britische Ingenieur Richard Trevithick, der bereits 1803/04 eine Dampflokomotive konstruierte, veranstaltet in London die erste öffentliche Vorführung einer Eisenbahnlokomotive.

Beim *Peterloo*-Massaker in Manchester werden Demonstranten von Soldaten niedergemetzelt.

1812–13 Napoleon dringt mit seinen Truppen bis Rußland vor, muß aber nach der Einnahme Moskaus zurückkehren und verliert den Großteil seiner „Grande Armée".

Der britische Politiker Sir Robert Peel gründete 1829 die Polizei der Stadt London.

1823 Der englische Mathematiker Charles Babbage erfindet eine Rechenmaschine – sie gilt als Vorläuferin des modernen Computers.

Charles Mackintosh entwickelt die ersten regendichten Kleidungsstücke und im folgenden Jahr für die Arktisexpedition Sir John Franklins eine aufblasbare Rettungsweste.

In Spanien wird eine Revolution gegen König Ferdinand VII. mit französischer Hilfe niedergeschlagen.

Im südenglischen Brighton wurde im 19. Jh. der erste Vergnügungspier eröffnet.

Der deutsche Komponist Ludwig van Beethoven vollendet seine Sinfonien Nummer fünf („Schicksalssinfonie") und sechs („Pastorale").

Richard Trevithick führt seine Eisenbahnlokomotive vor.

1811 London erreicht als erste Stadt der Welt eine Einwohnerzahl von mehr als 1 Million.

1812 Der englische Schriftsteller Charles Dickens wird geboren.

1812–14 Krieg zwischen den Vereinigten Staaten und Großbritannien; britische Truppen brennen die neue amerikanische Hauptstadt Washington nieder.

1812–15 Die Gebrüder Grimm veröffentlichen ihre zweibändige Sammlung der *Kinder- und Hausmärchen*.

1815 Napoleon unterliegt zwei Koalitionsarmeen europäischer Mächte unter den Befehlshabern Wellington und Blücher bei Waterloo in Belgien. Nach der Niederlage wird er auf die britische Insel Sankt Helena im südlichen Atlantik verbannt, wo er im Jahr 1821 stirbt.

1818 Die englische Schriftstellerin Mary Shelley veröffentlicht den berühmten Roman *Frankenstein*.

1819 In Manchester (England) werden Demonstranten, die gegen die Politik der Regierung auf die Straße gehen, von einer Kavallerietruppe im *Peterloo*-Massaker getötet.

Die berühmte „Differenzmaschine" von Charles Babbage.

Viele landwirtschaftliche Maschinen wurden zuerst in den Vereinigten Staaten eingesetzt.

1825 In England verkehrt zwischen Stockton-on-Tees und Darlington die erste öffentliche Dampfeisenbahn mit Passagierdienst der Welt.

1829 Der französische Blindenlehrer Louis Braille erfindet eine Blindenschrift.

1830 Louis Philippe, Herzog von Orleans, wird französischer König.

1831 Der britische Naturforscher Charles Darwin geht auf eine fast fünfjährige Weltumsegelung. Seine Beobachtungen veranlassen ihn zu seiner Theorie von der Evolution durch natürliche Auslese.

Der britische Physiker Michael Faraday erfindet einen Dynamo für die Erzeugung von Elektrizität.

1833 Im gesamten britischen Weltreich wird die Sklaverei abgeschafft.

1834 Cyrus Hall McCormick läßt in den Vereinigten Staaten eine mechanische Mähmaschine patentieren.

1835 Zwischen Nürnberg und Fürth wird die erste deutsche Eisenbahnstrecke, die Ludwigsbahn, eröffnet.

1836 Texas erlangt die Unabhängigkeit von Mexiko.

Revolutionswirren: Zusammen mit ganz Deutschland wurde Wien 1848 von einem Aufstand des Bürgertums erschüttert.

1837 Im thüringischen Blankenburg eröffnet Friedrich Fröbel den ersten Kindergarten.

Dem Amerikaner Samuel Morse gelingt die Entwicklung des nach ihm benannten Morsealphabets.

Viktoria wird Königin von England (bis 1901).

Diese Karikatur aus dem 19. Jh. macht sich über die Anfänge des Pauschaltourismus lustig (oben).

1839 Reisende in Mittelamerika entdecken Überreste der Mayakultur.

1840 Großbritannien führt als erstes Land ein einheitliches Briefportosystem ein.

1841 Der britische Unternehmer Thomas Cook veranstaltet die ersten organisierten Eisenbahnausflüge.

Die aus dem frühen 19. Jh. stammende Worcestersauce wird nach einem traditionellen indischen Rezept hergestellt.

1842 China übereignet Hongkong im Vertrag von Nanking an Großbritannien, das die Insel 1840 bereits besetzt hatte.

1844 In Schlesien kommt es zu einem Aufstand der Weber.

1845–46 Durch die Kartoffelfäule kommt es in Irland zu einer Hungersnot, die rund 1 Mio. Todesopfer fordert. Dadurch wird eine Massenauswanderung der irischen Bevölkerung, vor allem nach Nordamerika, ausgelöst.

1846 In den Vereinigten Staaten wird die erste Operation unter Narkose durchgeführt.

1847 Mitglieder der Mormonensekte gründen die Stadt Salt Lake City im amerikanischen Staat Utah.

1848 Im europäischen Revolutionsjahr wird in Frankreich Louis Napoleon, der Neffe Napoleon Bonapartes, Präsident. Er ruft sich 1852 zum Kaiser Napoleon III. aus.

1851 Der amerikanische Schriftsteller Herman Melville veröffentlicht seinen Roman *Moby Dick*.

London ist Schauplatz der ersten Weltausstellung. Dieses an wechselnden Orten stattfindende Ereignis dient vor allem dazu, die neuesten Errungenschaften der Technik und Kultur zur Schau zu stellen.

I. M. Singer verbessert und produziert die Nähmaschine in Boston.

1853 Der deutsche Einwanderer Levi Strauss macht bei Kaliforniens Goldgräbern die Jeanshosen populär.

1854 Ein amerikanisches Geschwader unter der Leitung des Marineoffiziers Matthew Perry zwingt Japan dazu, sich für den Außenhandel zu öffnen und diplomatische Beziehungen aufzunehmen.

1854–56 Großbritannien, Frankreich, Sardinien-Piemont und das Osmanische Reich besiegen Rußland im Krimkrieg.

1856 Das von dem Engländer Henry Bessemer entwickelte „Bessemerverfahren" verbilligt die Massenerzeugung von Stahl.

Die ersten Gummistiefel werden im schottischen Edinburgh hergestellt.

1857–58 Die britische Herrschaft in Indien übersteht eine größere Revolte – den indischen Aufstand.

1857–65 Die USA und Großbritannien werden mit Hilfe eines durch den Atlantik verlaufenden Unterseekabels miteinander verbunden.

1859 In den Vereinigten Staaten wird die erste Ölquelle entdeckt.

Der Akrobat Jules Léotard führt in Paris erstmals eine Zirkusnummer am fliegenden Trapez vor.

Ein amerikanisches Kriegsschiff vor Japans Küste.

1860–61 Italien wird unter dem Königshaus von Sardinien-Piemont weitgehend vereint.

1861–65 In den Vereinigten Staaten tobt der Bürgerkrieg. Präsident Abraham Lincoln verkündet 1863 das Ende der Sklaverei. Zwei Jahre später wird er von einem Rassenfanatiker im Theater ermordet.

1862 In London wird die erste Untergrundbahn der Welt, die *Metropolitan Line* von Paddington nach Farringdon, eröffnet.

Abbildung aus dem Roman *Onkel Toms Hütte* (1852), in dem die amerikanische Schriftstellerin Harriet Beecher Stowe die Lebensbedingungen der Negersklaven schilderte (oben).

1864 Durch die Genfer Konvention wird das Internationale Rote Kreuz zur Linderung der zahlreichen Kriegsschrecken geschaffen. Initiator ist der humanitäre Schweizer Jean-Henri Dunant, der die Greuel des Krieges selbst erlebt hatte.

Im Kindergarten: Die Deutschen führten als erste das spielerische Lernen ein.

1866 – 1889

Der 1869 eingeweihte Sueskanal verbindet das Mittelmeer mit dem Roten Meer.

1866 Der schwedische Chemiker Alfred Nobel erfindet das Dynamit.

1867 Die USA kaufen Alaska für 7,2 Mio. Dollar von Rußland. Kanada wird innerhalb des britischen Weltreiches ein selbständiges Land mit eigener Regierung.

Joseph Lister, ein englischer Arzt, leistet Pionierarbeit auf dem Gebiet der antiseptischen Chirurgie.

Die erste billige Taschenbuchreihe erscheint in Leipzig.

1868 In Japan wird im Namen des Kaisers die letzte Dynastie der Shogune gestürzt; so kommt eine radikale Modernisierung in Gang.

Tennis wurde in seiner heutigen Form im 19. Jh. in Großbritannien entwickelt und erfreute sich bereits damals großer Beliebtheit.

Entwicklung eines Heißwassergeräts mit Gasfeuerung in London.

1869 Die Eröffnung des Sueskanals verkürzt die Seefahrt von Europa nach Indien um mehrere Wochen. Die Wasserstraße hatte auch große strategische Bedeutung.

Postkarten werden in Österreich und ein Jahr später auch in Deutschland eingeführt.

In den USA wird die erste von der Ost- zur Westküste führende Eisenbahnverbindung fertiggestellt.

1870 Im Osmanischen Reich beginnt der deutsche Archäologe Heinrich Schliemann mit der Ausgrabung von Troja. Die Arbeiten dauern bis zum Jahr 1894.

1870–71 In Frankreich führt der Deutsch-Französische Krieg zum Ende des Zweiten Kaiserreiches und zur Belagerung von Paris. Deutschland wird unter der Führung von Preußen vereinigt; Otto von Bismarck geht als erster Reichskanzler in die Geschichte ein.

Kricket ist auch heute noch in vielen Ländern ein Nationalsport. Das Foto vom Ende des 19. Jh. zeigt das australische Kricket-Team bei einem Aufenthalt in England.

1873 Die Science-fiction-Erzählung *In 80 Tagen um die Welt* des französischen Schriftstellers Jules Verne erscheint.

Die Zeichnung macht sich über das Einstellen der Zeit lustig.

1874 Die Patentierung von Stacheldraht revolutioniert die Viehhaltung in Amerika und Australien.

In Paris findet die erste impressionistische Ausstellung statt.

1876 Der Erfinder Alexander Graham Bell stellt der Öffentlichkeit ein funktionsfähiges Telefon vor.

Erste vollständige Aufführung von Richard Wagners Trilogie *Der Ring der Nibelungen* in Bayreuth.

In einer Karikatur manipuliert der deutsche Staatsmann Otto von Bismarck die gekrönten Häupter Europas.

Die Armee von General Custer wird in der Schlacht von Little Bighorn von indianischen Kriegern vollständig vernichtet.

1878 Die erste Schiffsladung mit gekühltem Fleisch übersteht die lange Seereise von Argentinien nach Europa.

1879 In Ohio wird die Registrierkasse erfunden.

1883 Der Ausbruch des Vulkans Krakatau in Indonesien fordert etwa 36000 Menschenleben.

1884 Kondensmilch wird in St. Louis, Missouri, patentiert.

Die *Greenwich Mean Time*, die Mittlere Greenwich-Zeit, wird als Weltnorm übernommen.

1886 Gründung der *Coca Cola Company* im amerikanischen Atlanta. Das gleichnamige Erfrischungsgetränk wird als „geschätztes Gehirntonikum und intellektuelles Getränk“ angepriesen.

1887 Der Detektivroman *A Study in Scarlet* (Studie in Scharlachrot) des englischen Schriftstellers Arthur Conan Doyle erscheint, in dessen Mittelpunkt der Meisterdetektiv Sherlock Holmes und sein Freund Dr. Watson stehen.

1889 Anläßlich der Weltausstellung, die in diesem Jahr in Paris stattfindet, vollendet der französische Ingenieur Gustave Eiffel nach einer mehrjährigen Bauzeit den ungefähr 300 m hohen Eiffelturm.

Überall im Privat- und Geschäftsleben setzen sich Maschinen wie z. B. Phonographen (oben) und Registrierkassen (unten) durch.

1890 – 1914

1890 Politische Kontroversen führen zur Entlassung Bismarcks durch Kaiser Wilhelm II.

1891 Der Bau der Transsibirischen Eisenbahn beginnt; sie wird 1916 fertiggestellt.

In der englischen Stadt Bristol gelingt die Herstellung der elektrischen Taschenlampe.

Ein französischer Pressebericht über die blutige Revolte von 1905 in Rußland.

Die Arbeitszeit deutscher Fabrikarbeiterinnen über 16 Jahre wird auf maximal elf Stunden festgelegt.

1893 Das erste Riesenrad zieht auf der Weltausstellung in Chicago die Aufmerksamkeit der Öffentlichkeit auf sich.

1894 In Paris wird der Striptease erfunden.

Rudyard Kiplings berühmte Geschichte *Das Dschungelbuch* erscheint.

1895 Der „Christliche Verein Junger Männer" (CVJM) im amerikanischen Ort Holyoke entwickelt das Volleyballspiel.

Der Industrielle King C. Gillette erfindet den Sicherheitsrasierer.

In Paris führen die Gebrüder Lumière den ersten Film vor.

Der deutsche Physiker Wilhelm Conrad Röntgen entdeckt die nach ihm benannten Strahlen.

In Großbritannien wurde zu Beginn des 20. Jh. die Altersrente eingeführt.

Der Italiener Guglielmo Marconi entwickelt die Radiotelegrafie.

1896 Das erste nur zu diesem Zweck gebaute Einkaufszentrum wird in Baltimore eröffnet.

In Athen finden die ersten Olympischen Spiele der Neuzeit statt.

In San Francisco tobte nach dem verheerenden Erdbeben von 1906 ein gewaltiger Feuersturm.

1897 Griechenland und die Türkei führen einen Krieg um die Insel Kreta, die in griechischer Hand bleibt.

Im Norden Kanadas beginnt der Goldrausch von Klondike.

1898 In Battle Creek, Michigan, werden erstmals Cornflakes als Reformkost hergestellt.

Nach dem Spanisch-Amerikanischen Krieg tritt Spanien Guam, Puerto Rico, Kuba und die Philippinen für 20 Mio. Dollar an die USA ab.

1899–1902 In Südafrika kommt es zum Krieg zwischen den Buren und den Briten.

1900–1901 Der Boxeraufstand in China wird von einem internationalen Expeditionskorps niedergeschlagen.

1903 Die *Tour de France*, heute das berühmteste Radrennen für Berufsfahrer, findet zum erstenmal statt.

Die Firma Bayer bringt die Schlaftablette auf den Markt. Andere Beispiele für den deutschen Erfindergeist sind die Thermosflasche (1902), das Haushaltswaschmittel Persil (1907) und die Verwendung von Reißverschlüssen in Kleidungsstücken (1912).

Das erste Riesenrad der Welt in Chicago.

In North Carolina legen die amerikanischen Flugpioniere Orville und Wilbur Wright mit ihrem zwölf Sekunden langen Motorflug den Grundstein für die moderne Fliegerei.

1905 In Petersburg beenden russische Truppen am sogenannten Blutsonntag gewaltsam eine friedliche Arbeiterdemonstration. Dieses Ereignis löst den allgemeinen Aufstand der Massen aus.

Das Kino schuf neue Formen der Komödie (Filmausschnitt).

1906 Ein Erdbeben in San Francisco fordert 700 Menschenleben.

1907 Carl Hagenbeck gründet in Hamburg den nach ihm benannten Tierpark.

1908 Der Automobilhersteller Ford beginnt mit dem Bau des berühmten „Modells T", von dem bis 1927 mehr als 15 Mio. Exemplare produziert werden.

Sammlung für die Opfer der Titanic.

1909 Louis Blériot fliegt als erster über den Ärmelkanal.

1910 In New York werden Golfschläger mit Stahlschaft patentiert.

1911 Die Expedition des Norwegers Roald Amundsen schlägt die britische Mannschaft von Kapitän Scott im Wettrennen zum Südpol.

In Hollywood wird das erste Filmstudio errichtet.

Alexander's Ragtime Band unter Leitung von Irving Berlin leitet eine neue Ära in der Unterhaltungsmusik ein.

1912 Die *Titanic*, das größte Dampfschiff ihrer Zeit, kollidiert auf ihrer Jungfernreise in der Nähe von Neufundland mit einem Eisberg und sinkt. Von den über 2000 an Bord befindlichen Menschen können nur wenig mehr als 700 gerettet werden.

1914 In Europa bricht der Erste Weltkrieg aus.

Register

Die *kursiv* gedruckten Seitenzahlen verweisen auf eine Bildunterschrift.

G

H

I

J

K

L

M

N

O

P

Q

R

S

Bildnachweis

(l. = links; r. = rechts; o. = oben; M. = Mitte; u. = unten)
AKG = Archiv für Kunst und Geschichte, London
BAL = Bridgeman Art Library, London
ETA = E.T. Archive, London
MEPL = Mary Evans Picture Library
RHPL = Robert Harding Picture Library
SM = The Science Museum/Science & Society Picture Library
TBA = Toucan Books Archives

Umschlagvorderseite: Bildarchiv Preußischer Kulturbesitz, Berlin

Umschlagrückseite: Archiv für Kunst und Geschichte, Berlin

Vor- und Nachsatz: Deutsches Museum, München

Innenteil:
1 SM; 2/3 Erich Lessing/AKG; 4 l. Arthur Lockwood; o. MEPL, r. AKG; 5 o. l. The Granger Collection; o. r. ETA; M. r. Ullstein Bilderdienst; u. l. SM; u. r. The Sutcliffe Gallery, Whitby; 6 TBA; 7 o. Musée D'Orsay, Paris/Giraudon; r. Harlingue-Viollet; 8 ETA; 9 o. Elton Collection/Ironbridge Gorge Museum; u. Collection of The Institution of Civil Engineers (2); 10 o. Kugelfischer G. Schäfer, Schweinfurt; u. Arthur Lockwood; 11 l. BASF, Ludwigshafen; r. The Granger Collection; 12 o. r. AKG; Rest aus *The Victorian Catalogue Of Household Goods*, Studio Editions, 1991; 13 Arthur Lockwood; 14 o. Musée D'Orsay, Paris/Lauros-Giraudon/ADAGP; M. l. TBA; u. r. Arthur Lockwood; 15 S.W.A. Newton/Leicester Museums and Art Gallery; 16 o. BAL; M. r. ETA; u. TBA; 17 TBA; 18/19 Peter Morter; 19 u. TBA; 20 TBA; 21 o. The Trustees of the Wedgwood Museum, Barlaston, Staffordshire, England (3); u. Kate Simunek; 22 o. MEPL (2); 23 o. Arthur Lockwood; u. ETA; 24 Arthur Lockwood; 25 o. Jonathan Silver and Salts Estates Limited (2); M. Bradford Industrial Museum; u. Bolling Hall Museum, Bradford; 26 Stadt Essen; 27 o. l. ETA; o. r. Topham Picture Source; M. r., u. l. Ironbridge Gorge Museum; u. r. Broadlands Collection, Hampshire; 28 MEPL; 29 o. SM; M. Brunel University Library; u. Arthur Lockwood; 30/31 Paul Wright; 32 o. Donald McLeish/RHPL; u. Musée des Beaux-Arts, Tournai; 33 Musées Royaux des Beaux-Arts de Belgique, Musée Constantin Meunier, Brüssel; 34 Arthur Lockwood; 35 o. Arthur Lockwood; u. International Museum of Photography at George Eastman House; 36 l. Koninklijk Museum voor Schone Kunsten, Antwerpen; r. MEPL; 37 The Granger Collection; 38 Kimono: Victoria & Albert Museum, London; Rest Laurie Platt Winfrey (2); 39 Musées Royaux des Beaux-Arts de Belgique, Musée Constantin Meunier, Brüssel; 40 National Museums & Galleries on Merseyside, Walter Art Gallery, Liverpool; 41 o. SM; u. aus *L'Art d'Exploiter les Mines de Carbon de Terre, 1768–76* von Jean Morand; 43 Bildarchiv Preußischer Kulturbesitz; 44, 45 Musées Royaux des Beaux-Arts de Belgique, Musée Constantin Meunier, Brüssel; 46 Arthur Lockwood (3); 47 o. The Historical Society of Schuylkill County, Pottsville, Pa.; u. The George Bretz Collection, Albin O. Kuhn Library, University of Maryland, Baltimore County; 48 l. SM; r. Range/Bettmann; 49 TBA; 50 o. Northampton Museums and Art Gallery; u. l. Kate Simunek; u. r. B.S.C. Footwear Supplies Limited; 51 Laurie Platt Winfrey; 52 o. Emery Walker/St. Bride Printing Library; u. William Morris Gallery, London; 53 o. l. Berger Collection, Carmel/California; Rest William Morris Gallery, London (2); 54 o. Jacob A. Riis/Museum of the City of New York; u. Lewis W. Hine/International Museum of Photography at George Eastman House; 55 M. Christie's London/BAL; u. MEPL; 56 o. r. ETA; u. l. John Gorman, Scorpion Publishing Ltd., 1986; u. r. MEPL; 57 TBA; 58 o. The Mansell Collection; u. TUC/TBA; 59, 60 S.W.A. Newton/Leicester Museums and Art Gallery (3); 61 o. l. MEPL; o. r. Museum of London; u. Range/Bettmann; 62 o. Henkel & Cie, Düsseldorf; u. AEG-Telefunken, Braunschweig; 63 o. MEPL; u. Victoria & Albert Museum, London/ETA; 64 Roger-Viollet (3); 65 l. Museum of London; r. MEPL; 66 Cambridgeshire Libraries; 67 Oskar Reinhart Stiftung, Winterthur; 68 o. Musée des Beaux-Arts, Nantes/Giraudon; u. MEPL; 69 o., M.r. Musée De L'Assistance Publique-Hopitaux de Paris/Giraudon; u. MEPL (2); 70 l. Strathclyde Regional Archive; r. MEPL; 71 o. l. MEPL; o. r. Museum of London; u. Range/Bettmann; 72 l. MEPL; r. TBA; 73 o. Range/Bettmann; u. Ateneumiin taide museo, Helsinki; 74 o. Ullstein Bilderdienst; u. Roger-Viollet; 75 Pinacoteca Di Brera/Alinari/Giraudon; 76 o. MEPL; u. l. TBA; u. r. Robert Opie Collection; 77 o. AKG; M. r. TBA; u. M. Robert Opie Collection; u. Library of Congress (2); 78 o. TBA; u. l. Birmingham City Libraries/TBA; u. r. SM; 79 o. Musée Carnavalet/Giraudon; M. r. TBA; 80 o. r. Portsmouth Athenaeum; M. l. Society For The Preservation Of New England Antiquities; u. The Museum Of Fine Arts, Boston; 81 TBA (2); 82 MEPL; 83 o. Musée des Arts Decoratifs, Paris/TBA; u. Harlingue-Viollet (2); 84/85 Terence Dalley; 86 Cadbury Limited/TBA (2); 87 M. r. Unilever/TBA; Rest MEPL (2); 88 l. Musée D'Orsay, Paris/Lauros-Giraudon; r. Musée Des Beaux-Arts, Tournai/Giraudon; 89 o. MEPL; u. Cassella Farbwerke, Frankfurt/Main; 90 l. Musée Des Beaux-Arts et D'Archeologie, Rennes/Giraudon; r. Horace W. Nicholls/The Royal Photographic Society, Bath; 91 The Salvation Army; 92 BASF, Ludwigshafen; 93 Musée Carnavalet/Giraudon; 94 l. Jacob A. Riis/Museum of the City of New York; r. Musée Bonnat/Giraudon; 95 l. Donald McLeish/RHPL; r. Wolverhampton Art Gallery/Bx-Giraudon; 96 o. ETA; u. The Illustrated London News Picture Library; 97 Musée Carnavalet/Lauros-Giraudon; 98 British Library, London (2); 99 TBA; 100 Musée des Beaux-Arts, Valenciennes/Lauros-Giraudon; 101 l. Arthur Lockwood; r. ETA; 102 l. MEPL; r. Lauros-Giraudon; 103 MEPL; 104 TBA; 105 o., u. TBA; M. Sunderland and Museum & Art Gallery/Tyne and Wear Museum; 106 aus *A Bio-Bibliography of Edward Jenner* von W.R. Lefanu, Harvey and Blythe Ltd. 1951; 107 o. Arthur Lockwood; u. Musée Du Petit-Palais, Paris/Lauros-Giraudon; 108 Alinari/Giraudon; 109 l. The Granger Collection; M. TBA; r. Roger-Viollet; 110 ETA; 111 o. l. Range/Bettmann; o. M. The Granger Collection; o. r. TBA; u. MEPL; 112 o. Royal Collection © HM The Queen, Queen Elizabeth II; M., u. AKG; 113 Museum of the City of New York; 114 o. MEPL; u. The Salvation Army; 115 Hulton-Deutsch; 116 Range/Bettmann; 117 Tower Hamlets Public Library; 118 Range/Bettmann; o. l. The Granger Collection; 119 l. Jacob A. Riis; r. Museum of the City of New York; 120 l. Ullstein Bilderdienst; r. MEPL; 121 l. Arthur Lockwood; r. Metropolitan Museum of Art, New York/TBA; 122 o. Deutsches Museum, München; u. Musée Carnavalet, Paris/Giraudon; 123 l. Sunderland Museum & Art Gallery (Tyne and Wear Museums); r. Brunel University Library; 124 State Library of Victoria, Melbourne; 125 o. MEPL; u. Jacob A. Riis/Museum of the City of New York; 126 Hulton-Deutsch; 127 o. TBA (2); u. MEPL; 128/129 Paul Wright; 130 Range/Bettmann; 131 l. Bradford Art Galleries and Museums/BAL; r. Manchester City Art Galleries; 132 o. National Gallery of Modern Art/BAL; M. Range/Bettmann; u. Library of Congress; 133 l. The Granger Collection; r. MEPL; 134 l. Musée D'Orsay, Paris/Lauros-Giraudon; r. Musée Des Beaux-Arts, Caen/Giraudon; 135 Ullstein Bilderdienst; 136 l. Hulton-Deutsch; r. Roger-Viollet; 137 SPADEM/Bulloz; 138 o. Museum of London; u. Range/Bettmann; 139 MEPL; 140 o. Greenwich Public Library; u. Paul Martin/TBA; 141 o. Staples & Charles Ltd., Washington D.C.; u. New York Historical Society, Sammlung Bella C. Landauer; 142 o. Paul Martin/Hulton-Deutsch; M. TBA; u. Christie's, London/BAL/Giraudon/ADAGP; 143 o. Gurney/Becker Collection/Syracuse University; u. Robert Opie Collection; 144 l. Bildarchiv Preußischer Kulturbesitz/Giraudon; r. TBA; 145 MEPL; 146 l. TBA; r. Thomas Cook Travel Archive; 147 o. r., u. l. TBA; u. r. BAL; 148 l. British Museum, London; r. Walker Art Gallery, Liverpool; 149 Bibliothèque Nationale, Paris (2); 150 o. l. MEPL; o. r. ETA; M. MEPL; u. l. British Architectural Library, RIBA Drawings Collection; u. r. BAL; 151 o. l. BAL; o. r. Musée Carnavalet, Paris/Lauros-Giraudon; M. l. MEPL; u. l. The Mansell Collection; u. r. MEPL;
152 o. l., M. l., u. M. MEPL; o. r. ETA; u. l. SM; u. r. Arthur Lockwood;
153 o. l. Österreichische Nationalbibliothek; o. r. ETA; M. l. Thomas Cook Travel Archive;
M. r., u. r. MEPL; u. l. Golin/Harris Communications Limited;
154 o. l. MEPL; o. r. The Mansell Collection; M. l., M. r. The Wimbledon Lawn Tennis Museum; M. M. Marylebone Cricket Club; u. l. aus *Puck*, 17.3.1886; u. r. Culver Pictures;
155 o. l., u. l. MEPL; o. M. Arnold Genthe; o. r., M. r. Range/Bettmann; u. r. Culver Pictures.

GERMANIA
GERMANY
Verschiedene Wägen von der Fürther Eisenbahn